PERENUNGAN
KONTEMPLASI

Sebuah pengantar menuju praktik
spiritual doa-doa rohani.

KEVIN ERNEST HALL

Saya hendak mendedikasikan buku ini kepada Carike Hall, Istri saya yang cantik, pendamping saya seumur hidup.

Anda membantu saya melihat cahaya ketika semuanya gelap, terima kasih telah mengajari saya untuk kembali bermimpi, kembali percaya, dan menemukan Yesus Kristus pada saat-saat kehidupan yang mengubah pribadi kita.

Terima kasih juga atas semua penyuntingan, kerja keras, larut-malam dan upaya yang sudah engkau curahkan demi terwujudnya buku ini, semoga buku ini dapat membantu banyak generasi mengenal Yesus Kristus sebagaimana kita telah mengenal Dia bersama-sama.

DOA PEMBUKA

Aku menenun keheningan di bibirku.
Aku menenun keheningan kedalam pikiranku.
Aku menenun keheningan di dalam hatiku.
Aku menutup telingaku terhadap segala gangguan.
Aku menutup mataku terhadap segala daya tarik.
Aku menutup hatiku terhadap segala godaan.

Tenangkan aku ya Tuhan, seperti Engkau menenang-
kan badai.
Tetapkanlah aku ya Tuhan, jauh dari mara bahaya.
Biarkan semua kegaduhan dalam diriku berhenti.
Bungkus aku, Tuhan, dalam damaiMu.

David Adam

DAFTAR ISI

PERENUNGAN

KATA SAMBUTAN

Kepada Dr. Adonijah Ogbonnaya, sebagai mentor spiritual, dan figur ayah di dalam iman, Anda telah mengubah jalan hidup saya, melalui teladan dan gaya hidup Anda sendiri. Saya menghargai seluruh waktu yang telah Anda curahkan ke dalam hidup saya. Anda menaburkan banyak benih yang kini telah tumbuh-bertunas ke dalam taman gagasan yang kini mengelilingi saya. Semoga buku ini memberkati Anda, seperti Yesus telah memberkati saya dengan Anda.

Kepada Justin dan Rachel Abraham, saya sangat menghargai kalian dan keluarga kalian karena tetap menjaga kasih di masa-masa sulit, mengatakan hal-hal yang hanya akan dikatakan oleh teman sejati, dan menjadi saudara panutan pribadi saya dalam Kristus, mengajari saya untuk tetap berjalan dalam takut akan Tuhan.

Kepada Joseph dan Claire Sturgeon, teman-teman kami yang rendah hati dan setia, yang telah menunjukkan kepada kami jalan Kristus, sungguh luar biasa untuk dapat belajar dari kehidupan kalian berdua, untuk dibentuk oleh perjalanan kalian, mengetahui pada hari ini, saat saya menulis ini, doa kalian benar-benar menyertai kami.

Kepada Etienne dan Hettie Blom, kalian telah menjadi pelita terang dalam perjalanan kami, terima kasih atas semua nasihat, doa, dan kasih yang sudah kalian berikan. Hidup kalian telah mengubah hidup kami, kami menghargai karunia besar Anda berdua bagi tubuh Kristus.

Kepada Chris Blackeby dan Linda Lurie sebagai penerbit saya, saya menghargai semua waktu, kesabaran, dan upaya yang kalian berikan untuk dapat bekerja bersama kami. Memiliki teman-teman yang menyemangati Anda, seperti yang kalian telah buat kami rasakan ketika kami mengirim buku baru, membuat seluruh proses ini berharga.

Kepada Lou dan Elna Maritz, orang tua baru saya, saya menghargai semua dukungan, perhatian, dan cinta kalian untuk keluarga kami. Terima kasih telah menjadikan kami bagian dari hidup Anda berdua.

Kepada Ayah dan Ibu, saya menghargai kalian berdua lebih dari sekedar kata-kata di atas kertas, terima kasih telah berdiri di belakang kami dan menyemangati kami.

Kepada Nathan dan Ryan Hall, kedua anak laki-laki saya, sungguh membahagiakan melihat kalian tumbuh begitu cepat, saya menghargai dan menikmati setiap momen bersama kalian. Belajar untuk mencintai kalian seperti Abba Bapa mencintai kami, telah menjadi kerinduan besarku.

Kepada Anda yang membaca buku ini, yang saya harap kelak kita dapat berteman baik, saya menghargai upaya dan waktu yang Anda luangkan untuk mengembangkan hidup dan tempat rahasia Anda bersama Abba Bapa, semoga di musim berikutnya ini, menjadi musim di mana Anda menemukan lebih banyak hal lagi tentang Dia di setiap sesi perenungan saat teduh Anda.

KATA PENGANTAR

Kisah spiritualitas Kristiani tidak dapat diceritakan tanpa adanya sebuah perenungan. Dari latar belakang Ibrani-nya yang paling awal, praktik rohani Kekristenan sebagian besar merupakan hasil dari praktik renungan yang terfokus.

Seperti halnya dalam bidang apapun dalam peradaban manusia, sebuah alat diperlukan untuk membimbing seorang praktisi menuju hasil yang otentik dan terbukti dalam kehidupan nyata. Dalam praktek rohani ini pun diperlukan adanya sebuah alat yang dapat membantu membimbing baik praktisi rohani berpengalaman maupun yang pemula di jalan yang benar. Melalui buku ini, Kevin Hall telah menyediakan alat tersebut.

Sejak pertama kali saya bertemu Kevin di Lenasia, salah satu pinggiran kota Johannesburg, Afrika Selatan, ketika dia datang untuk mendengar saya mengajar, saya menyadari adanya rasa lapar yang mendalam akan hubungan spiritual yang lebih dalam dengan Yang Maha Kudus, YHVH melalui Putra-Nya Yeshua atau Sang Mesias.

Kevin adalah seorang perenung yang sangat berkomitmen. Dia telah membuktikan dirinya sebagai seorang rohaniawan yang efektif dan yang terus menggali lebih dalam lagi misteri Kerajaan Allah. Dia telah belajar dengan saya dan banyak berkontribusi pada gerakan rohani yang memenuhi bumi pada saat ini.

Pertanyaan tentang bagaimana seseorang dapat menavigasi jalur alam roh diuraikan dalam karya tulis ini. Melalui perenungan, dia telah mencurahkan dalam karya ini, siapa pun yang benar-benar rindu dapat memasuki סוד (baca: sod), misteri tempat suci batin. Jika seseorang ingin memegang wahyu Ilahi ini, orang itu harus bersedia untuk bertahan dalam disiplin perenungan, sebuah metodologi bantuan yang diuraikan di sini yang dapat membantu dalam perjalanan itu.

Bagi seseorang yang berusaha untuk membangkitkan suasana hati jiwanya dan menyelaraskannya sesuai dengan misteri kehidupan spiritualnya dengan Tuhan, perenungan adalah kuncinya. Orang yang seperti itu harus memutuskan bahwa mereka bersedia untuk menerobos hiruk-pikuk suara-suara luar yang mengaku memiliki pengalaman ketuhanan dan menemukannya di dalam diri mereka sendiri.

Kevin telah menjadi praktisi yang gigih dalam kehidupan rohani dan sekarang membuka jalan untuk pemula serta yang mahir dalam spiritualitas, sebuah cara untuk melangkah lebih jauh dan lebih dalam lagi. Ini adalah karya yang memperkaya dan mentransformasi. Saya merekomendasikan buku ini untuk Anda.

Adonijah Ogbonnaya

Lake Elsinore, California, April 202

PENDAHULUAN

Sebagai sorang Protestan yang taat, dan dalam beberapa hal penganut Kristen Karismatik, saya menemukan iman saya menjadi lebih dangkal seiring berjalannya waktu, pertumbuhan intelektual dan spiritual saya seakan-akan terhambat.

Meskipun saya dapat mengalami Tuhan, dan memiliki saat-saat kudus tertentu dengan Tuhan, ada sesuatu yang hilang. Saat saya berdoa dalam "bahasa surgawi" terasa menjadi sebuah tugas dan saya tidak menemukan adanya perubahan yang berarti dalam pertumbuhan iman saya. Saya telah "diselamatkan" selama 15 tahun lebih pada saat itu, namun saya malah merasa lebih jauh dari Tuhan daripada sebelumnya.

Krisis paruh baya spiritual mulai hadir, oleh penelitian di Gallup hal ini disebut, "tahun-tahun pertengahan"; ternyata pengalaman saya tidak terlalu unik; banyak orang Kristen mengalami situasi yang sama pada garis waktu yang sama dalam perjalanan mereka.

Dalam masa ini, saya bertemu dengan seorang figure bapak dalam iman, seorang Yahudi Mesianik Ibrani, seorang Rabi. Melalui ajarannya saya belajar tentang praktik-praktik iman. Salah satu praktik ini adalah jalan meditasi yang berbeda, berdasarkan praktiknya selama bertahun-tahun, dan latar belakang Ibraninya.

Saya belajar bahwa ada metode doa yang juga tersedia bagi orang Kristen yang tidak menganut iman Katolik atau kepercayaan Ortodoks Timur. Saya sampai pada sebuah kesadaran yang mengejutkan, kami semua percaya pada Yesus yang sama, kami mengasihi Tuhan dengan segenap hati kami, namun metode praktik kami sangat berbeda.

Entah bagaimana, kita sebagai orang Protestan, dan orang-orang "Roh Kudus", memutuskan untuk *membuang bayi, air mandi, dan bak mandi ke luar jendela**; yang tersisa pada kita hanyalah iman yang bernilai kecil bagi jalan intelektual, atau bahkan bagi mereka yang mencari lebih banyak keheningan malah mendapat lebih banyak lagi beban pikiran.

*Kiasan kata Bahasa Inggris yang artinya membuang sesuatu yang berguna/berharga disaat membuang sesuatu yang tidak dinginkan.

15

Harapan dan kerinduan saya dalam menulis buku ini adalah untuk membantu Anda sepanjang perjalanan pencerahan ini; untuk memperkenalkan kepada Anda berbagai metode dan praktik lain dari iman kita yang telah sangat membantu saya di "tahun-tahun pertengahan" saya.

Apapun itu doktrin atau latar belakang Keristenan Anda, tidak akan banyak berpengaruh pada jalan ini. Jalan ke depan dalam iman kita adalah kesepakatan dalam sebuah kebenaran: sebuah karya besar – karya tubuh Kristus saat ini adalah untuk terus bergerak maju dari perpecahan masa lalu kita, dan menemukan untaian kebenaran dalam tradisi-tradisi kita, lalu melampauinya.

Kita sadar bahwa "barat" sedang melihat ke "timur"; sistem kepercayaan lain telah menyusup ke budaya kita, seni kita, dan pemahaman kita. Ketika orang-orang disekitar kita menjadi lebih terbuka terhadap ide-ide luar ini, mengapa kita tidak melihat kepada sejarah kita sendiri, dan menemukan di mana kebenaran yang didasarkan pada keyakinan kita sendiri berada. Seseorang seharusnya tidak perlu beralih ke keyakinan lain untuk mendapatkan akses ke cara- cara praktik spiritual yang telah dicoba dan teruji.

Di dalam buku ini saya akan membahas perkembangan besar dari praktik-praktik spiritual Kekristenan berikut:

- Perenungan

- Doa yang memusatkan (?)

- Pernapasan

- Meditasi & Atensi

Kita ingin memahami bagaimana sistem pengalaman ini telah digunakan dalam Kekristenan untuk menyelami kedalaman Tuhan yang lebih lagi, dan bagaimana hal ini telah mempengaruhi sistem kepercayaan modern kita.

Dunia telah menjadi tempat yang lebih spiritual dan lebih sadar secara emosional. Kebangkitan kesadaran ini meningkatkan kebutuhan akan buku, literatur, dan pembahasan untuk pemahaman spiritual kita.

Kekristenan barat atau budaya modern telah mengasingkan barat dari pusaka-warisan kita dan kekayaan pengalaman rohani kita. Sebagian besar praktik meditasi telah diturunkan ke sistem kepercayaan timur, dan konsep asing.

Gereja telah menciptakan begitu banyak denominasi, begitu banyak perbedaan teologis dan dogmatis, sehingga kemampuan kita untuk melihat dan memahami sistem pemikiran lain dalam iman kita sendiri telah punah. Tampaknya masyarakat kita telah menemukan lebih banyak kearifan dari kepercayaan-kepercayaan timur dan menyerap lebih banyak rahasia dari kepercayaan timur dan malah membuang sejarah kita dan harta kita sendiri yang terpampang di hadapan mata sejarah.

Bayangkan ada seorang pria, dia merencanakan sebuah perjalanan ke tempat indah yang selalu dia kagumi, melihat-lihat buku perjalanan, memesan penerbangan, dan kemudian merasakan keindahan tempat yang baru saja dia kunjungi. Pria ini kemudian pulang ke tempat yang dianggapnya menjemukan, dan ketika dia turun dari pesawat ke rumahnya, dia bertemu dengan seorang turis yang akan kembali ke negaranya, dan dengan takjub turis ini menjelaskan semua tempat indah yang baru saja dia datangi di "halaman belakang" pria itu sendiri. Sambil mendengarkan turis itu, pria tersebut menyadari keterkejutannya sendiri, kopernya penuh dengan suvenir dari tempat lain, namun dia tidak pernah repot-repot melihat setengah dari apa yang baru saja dilihat turis ini di negaranya sendiri.

Janganlah kita menjadi orang ini, marilah kita menjadi petualang yang takjub dan heran atas kekayaan warisan yang telah diberikan oleh ayah dan ibu kita di masa lalu. Mari kita hormati warisan praktik iman ini.

PRAKTEK SPIRITUAL – DOA

Perkembangan doa setelah kegerakan awal gereja mula-mula telah melalui naik-turunnya banyak tren ide-ide dan pemikiran tentang bagaimana secara tepat mendekati hubungan yang baru ditemukan ini dengan Tuhan.

Banyak yang akan menyebut ini dengan istilah "pencarian manusia akan makna," saya sarankan kepada Anda, ini bukan hanya pencarian manusia akan Tuhan, tetapi juga pencarian Tuhan akan manusia, menemukan cara baru untuk berurusan dengan umat manusia setelah kematian Yesus, dan kebangkitan Kristus.

Karya Salib itu sendiri mengubah cara manusia berinteraksi dengan ke-Tuhanan. Itu tidak hanya menghilangkan tirai pemisah antara Tuhan dan manusia; Yesus menjadi jalan, cara baru, untuk berinteraksi dengan Ilahi. Semua yang kita ketahui dalam sejarah sejak jaman penciptaan berubah pada malam itu.

Sejak awal penciptaan, umat manusia telah mencoba berurusan dengan Tuhan melalui sistem pengorbanan, semua budaya jika dilihat melalui beberapa sisi telah menerapkan cara berinteraksi dengan "ketuhanan" melalui pengorbanan darah atau sistem interaksi yang diritualkan. Di Amerika Selatan, pengorbanan manusia adalah cara yang umum pada jamannya, di Afrika, kami berinteraksi dengan Tuhan berdasarkan pengorbanan hewan, budaya-budaya timur-pun mengembangkan ritual darah dengan cara mereka sendiri.

Yesus mengubah segalanya, sistem penyembahan ini tidak lagi diperlukan, Dia datang dan menghancurkan seluruh budaya manusia yang berdasarkan ritual dan pengorbanan; Dia menjadi pengorbanan abadi dan kekal dan membantu umat manusia untuk berubah menjadi kesatuan yang somatik dengan Tuhan.

Tubuh manusia diubah oleh DNA Ilahi yang berinteraksi dengan genom dan membangun jalur hubungan dan pemahaman yang belum pernah terbuka untuk pikiran manusia sebelumnya. Perubahannya begi drastis, Rasul Paulus menggambarkan perubahan ini sebagai spesies baru. Interaksi antar-muka yang benar-benar baru telah diciptakan, kesadaran dan pemahaman manusia benar-benar berubah dalam 3 hari itu ketika Yesus mati. Dalam fase kebangkitan-Nya, Dia meninggalkan kesaksian atas kenaikan dan peningkatan frekuensi dan resonansi Ilahi.

Perombakan dimensional total dan perubahan dalam jiwa manusia ini mengubah cara kita sekarang dapat berinteraksi dengan yang Ilahi dan berhubungan dengan Tuhan dengan cara yang tidak pernah dilakukan dalam sejarah sejak kejatuhan Adam dan Hawa di taman Eden. Semuanya telah berubah, namun sangat sedikit yang diberitahu; rahasia tabir yang robek telah dirahasiakan.

Budaya post-modern kini telah mengintegrasikan timur dengan barat, spiritualitas dan sejarah timur, telah memikat pikiran barat, dan membentuk kembali pemahaman kita tentang realitas. Ketika kita menemukan kembali kebenaran-kebenaran ini dalam Kekristenan kita sendiri, dan dari dalam sejarah kita sendiri, para bidah di masa lalu, telah menjadi suara untuk masa depan.

Gagasan lama telah muncul dan dibentuk kembali ke dunia baru ini, zaman perubahan, pemahaman Aquarian sedang dilepaskan sekarang, dan kami menemukan bahwa akar keyakinan kami jauh lebih dalam, jauh lebih luas, daripada yang mungkin telah diceritakan kepada kami.

Beberapa jalan lama, seperti biasa, adalah yang terbaik. Mereka membantu kita mengetahui ke mana harus berjalan, dan mengajari kita cara lama untuk membantu kita menempa jalan baru kita ke depan. Jaman perubahan lebih mudah dinavigasi saat menggunakan beberapa cara yang telah dicoba dan teruji, lalu barulah kemudian menciptakan beberapa cara baru.

Saat kita melanjutkan penjelajahan perenungan ini, kita akan melihat praktik spiritual dalam setiap bab dan tidak ada yang namanya "perasaan" benar atau salah dalam proses saat kita menerapkan praktik- praktik ini dan saat Anda berinteraksi dengan setiap metodenya.

Anda akan dapat menentukan praktik spiritual mana yang sesuai dengan temperamen dan gaya spiritual pribadi Anda. Sebagian besar dari kita memiliki DNA spiritual kita sendiri; berarti beberapa konsep mungkin terasa asing, atau membuat Anda merasa tidak nyaman, ini sangatlah normal. Namun, Anda akan menemukan praktik spiritual yang beresonansi dengan Anda dan praktik itu akan menjadi bagian dari jalan spiritual Anda saat Anda memperdalam hubungan Anda dengan Tuhan.

(Salib Kelt)

DOA PERENUNGAN

"Doa Perenungan [oración mental] menurut opini saya bukan lain adalah interaksi dekat antar sahabat; maksudnya adalah memberi waktu untuk banyak berdiam diri bersama Dia yang kita tau mengasihi kita."

— St. Teresa dari Avila

PELOPOR GERAKAN DOA PERENUNGAN

Ada 3 figur besar dalam sejarah gereja yang terlibat dalam pengembangan gerakan doa perenungan. Meski keseluruhan praktik ini bermula dari bapa gurun, di barat, ketiga orang inilah yang menjadi pelopor "Doa Perenungan" modern, mereka saling berbeda metode dan ajaran namun sepakat dalam cara pandang terhadap doa perenungan.

Evagrius Ponticus terlahir di Turki pada tahun 345, di sebuah kota yang saat itu berada dibawah kepemerintahan Romawi. Dia ditahbiskan Basil Agung dan pada tahun 380 pergi ke Konstantinopel sebagai diaken.

Pada tahun 383 ia menjadi seorang biarawan di Yerusalem dan menjalani kehidupan petapa dengan sedikit makan dan tidur. Dia meninggal pada tahun 399 di Scetis, di zaman modern Mesir. Meskipun Evagrius mencapai banyak hal dalam hidupnya, pencantumannya dalam bab ini adalah karena catatannya tentang praktik perenungan para bapa gurun. Dia adalah murid Antonius Agung dari Mesir, dan selama waktunya di Mesir dia mencoba mencatat sebanyak mungkin atas praktik ini. Karena usahanya yang tak kenal lelah, sebuah warisan besar telah dilestarikan dari para bapa gurun untuk gereja secara keseluruhan.

John Cassian lahir pada tahun 360 di Dobrogea, Rumania. Dia menghabiskan beberapa waktu dengan seorang sahabat di komunitas biara Mesir, kemudian melarikan diri ke Konstantinopel karena sebuah kontroversi teologis. Dia ditahbiskan setelah kedatangannya di sana. Dia juga menghabiskan beberapa waktu di Roma dan menemukan komunitas biara di sana serta melakukan perjalanan ke Antiokhia.

Dia mendirikan sebuah komunitas di Marseilles pada tahun 415, Biara St. Victor, komunitas ini terbuka untuk biarawan dan biarawati. Yohanes meninggal di tahun 435 di Marseilles.

Metode John untuk berdoa berfokus pada mengembangkan hati yang murni, praktiknya juga dipelajari dari para bapa guru dan berfokus pada nyanyian mazmur. Karya utamanya "Konferensi" berdampak besar pada gereja dan para pemimpin seperti Santo Benediktus, dan Ignatius dari Loyola yang keduanya mendasarkan ide dasar mereka kepadanya. Dengan demikian, kontribusinya merupakan basis pengetahuan yang dapat dia transfer ke orang kudus dan biarawan lainnya.

Yohanes Klimakus, yang akan kita bahas di bab kedepan perlu dicantumkan ke dalam bagian ini karena sebagian besar ajarannya berfokus pada kesederhanaan doa. Dia juga mengajarkan untuk "hadir dengan setiap nafasmu," yang pada dasarnya melihat nafas dan doa sebagai satu kesatuan utuh sebuah tindakan.

Siapakah yang boleh naik ke atas gunung Tuhan? Siapakah yang boleh berdiri di tempat-Nya yang kudus? Orang yang bersih tangannya dan murni hatinya, yang tidak menyerahkan dirinya kepada penipuan, dan yang tidak bersumpah palsu.

Mazmur 24:3-4 (TB)

Pada dasarnya ketiga orang ini memfokuskan pengajaran-pengajaran mereka pada praktek doa dan pembersihan dan penyucian jiwa manusia. Mereka semua memahami realitas Alkitab dan ikut serta dalam ajaran Raja Daud seperti yang dijelaskan dalam Mazmur 24.

Pemurnian ini tidak hanya dicapai dengan percaya kepada Kristus lalu kemudian pergi berlalu, tetapi juga pemurnian motif hati, penerapan curahan darah Yesus ke dalam kehidupan orang-orang kudus.

Meski kita sadar bahwa kita tidak diselamatkan oleh usaha kita, namun Rasul Yakobus mengijinkan adanya upaya pengudusan, yang dalam kasus ini dilakukan melalui komitmen renungan harian untuk berdoa.

HIDUP PERENUNGAN

"Menjalani kehidupan yang merenungkan"! Apa yang dimaksud ketika seseorang mengatakan mereka menjalani gaya hidup ini?

Definisi oxford menyatakan: "Tindakan melihat sesuatu dengan serius untuk waktu yang lama." Definisi ini mungkin akurat, namun kenyataannya, menjalani hidup ini sedikit berbeda untuk dijelaskan.

Secara historis, kata Bahasa Yunani untuk perenungan (kontemplasi) adalah "Theoria," yang berarti pengetahuan. Pertanyaannya kemudian menjadi bagaimana mendefinisikan apa pengetahuan Ilahi yang diterima seseorang ketika melakukan sebuah tindakan perenungan.

Proses ini sering disebut, "renungan yang diresapi" karena sifat ke-Tuhanan dari praktik ini, bukan sepele seperti hanya merenungkan gagasan atau filosofi. Dalam perkembangan perenungan Yunani dan Latin, tindakan itu digambarkan sebagai "menatap" atau "menonton" dalam arti menciptakan praktik kewaspadaan spiritual, melihat Ilahi.

Kata tersebut juga dapat diartikan sebagai kata: "menyadari", sehingga dalam beberapa hal menumbuhkan rasa kesadaran akan kehadiran Ilahi, bersinggungan dengan realitas fisik material.

Perjalanan perenungan ini seperti bagaikan melihat ke dalam cermin buram yang harus dibersihkan. Kegelapan inilah yang kemudian menjadi cara kita memandang diri kita sendiri, yang seringkali bukan merupakan cerminan sejati. "Diri palsu" ini adalah ilusi tentang siapa diri kita dan harus disingkirkan agar kita dapat melihat "diri sejati".

Perenungan adalah upaya melakukan pemikiran tentang realitas Ilahi dan hubungan kita dengan Tuhan, menemukan diri kita yang sejati untuk mengakses tahap yang lebih tinggi. Karya ini, agar dapat menjadi efektif pada dasarnya, perlu diterapkan dalam konteks pemahaman bahwa setiap orang memiliki bias perspektifnya masing-masing, atau pengondisian budaya yang dapat mengaburkan proses, dan pada inti perjalanan ini, dapat mengatur ide-ide kita sendiri, mengontrol sistem berpikir atau seperti yang disebut sebagai "program demi kebahagiaan," adalah fungsi inti dari tindakan-tindakan perenungan.

Karya dari perenungan membawa kita ke tempat di mana penemuan-penemuan baru dapat dimunculkan, wahyu-wahyu baru, gagasan-gagasan baru, dan pemikiran-pemikiran baru dapat memasuki hati kita, sebagaimana kita telah menangani kecenderungan kita untuk menghakimi, mengutuk, dan menyelesaikan pertanyaan tanpa proses yang tepat, atau "proses hukum" dalam istilah legal-nya, yang harus diberikan pada pemikiran yang ingin diungkapkan oleh Tuhan.

Untuk menerangkan hal ini dalam istilah yang lebih sederhana: jika Tuhan ingin memberi Anda wahyu tentang diri-Nya, namun wahyu ini bertentangan dengan yang sudah sebelumnya Anda percaya tentang Dia, bagaimana wahyu baru ini dapat menembus pemikiran Anda?

Kehidupan perenungan membuat kita untuk meninjau ulang iman kita sehingga dalam diri kita tercipta ruang untuk meretrospeksi ulang dan membuat kita mencari pembuktian validitas keyakinan ini. Saat kita membiarkan proses ini membawa ide atau wahyu baru, kita dapat menerima aspek baru dari Tuhan yang telah kita hempaskan sebelumnya.

Perenungan membutuhkan keberanian dan ketekunan karena mengharuskan kita untuk melihat ke dalam dan berdamai dengan diri kita yang sejati. Perjalanan ini menantang kita untuk mengupas lapisan perlindungan dan informasi palsu tentang diri kita sendiri dan pAndangan kita tentang dunia untuk mencapai penyelesaian dan resolusi dari banyak ujung diri yang selama ini belum terselesaikan.

Janganlah kita hanya terlibat dengan ego dan kepetingan diri; kita perlu memahami tujuan awal sebuah perenungan adalah kebangkitan sejati, bergerak dari kepercayaan tingkat dasar dan pengalaman awal, menjadi inkarnasi yang mendalam dari Kesadaran Kristus, dan menjalani kehidupan yang dicontohkan-Nya bagi kita sehingga kita dapat menjadi saluran kasih Ilahi, lalu memancarkan kasih ini kepada sekitar kita.

Pancuran suci dari kasih Ilahi, murni, tidak ternoda, memancar keluar dari kehidupan yang penuh dengan renungan. Tidak hidup untuk agenda, motivasi tersembunyi, atau promosi diri; semata-mata mengungkapkan kasih Ilahi, sebagai tindakan cinta kepada Tuhan, membuktikan cinta ini dengan dibuktikan dalam api perenungan.

Dalam menghidupi perenungan, kita perlu waspada saat keinginan untuk menemukan jati diri sejati lewat segala cara menjadi satu dengan kehilangan pengejaran kasih Ilahi dan hubungan relasional yang lebih dalam dengan Tuhan. Kehilangan hasil dari menjadi satu dengan Tuhan sebagai atasan. Perenungan batin sebanyak apa pun janganlah sampai menghalangi niat untuk menjalin hubungan dengan Tuhan.

Menjadi sensor ibadah yang berharga, sebuah "bejana kehormatan" di kuil hidup yaitu keberadaan kita. Realitas ofensif dari "kabar baik": manusia menjadi titik belok, atau manifestasi di mana niat Ilahi menemukan materialitas dan realitasnya.

DOA PERENUNGAN

Inti dari kehidupan perenungan, adalah doa yang merenungkan. Doa yang merenungkan dapat dirangkum bagaikan sedang memperhatikan gerak Tuhan dalam kehidupan orang beriman sehari-hari.

Ketika kita berdoa, semua tindakan dan teknik yang digunakan ada untuk membantu kita memfokuskan hati dan pikiran kita pada Tuhan dan membiarkan Dia menjadi satu-satunya keinginan eksistensi Anda. Hal ini merupakan apa yang dikatakan oleh beberapa orang sebagai perhatian dan niat hati yang "berketetapan kudus" pada Pribadi Tuhan.

Semakin sederhana sebuah perenungan, semakin nyata jadinya; bagaikan sekadar berfokus untuk menginginkan hubungan dengan Tuhan dan memperhatikan Tuhan yang pada dasarnya adalah praktik spiritual. Perenungan bukanlah pengalaman mistis, tetapi adalah belajar menikmati hadirat Tuhan, bukan sekadar titik awal untuk hal lain.

Doa yang merenungkan adalah praktik menunggu Tuhan, belajar untuk beristirahat "di dalam Tuhan" dan membiarkan kerentanan dan kepekaan menguasai hati dan pikiran kita, di mana perhatian, kehadiran, dan kasih Ilahi-Nya terhadap kita menjadi kenyataan. Proses untuk memekakan hati dan pikiran terhadap momen-momen penerangan dari Tuhan, dan terkadang sentuhan-Nya yang rapuh pada kesadaran kita.

Doa perenungan mengajarkan pada kita untuk bergembira di dalam Dia, menikmati kehadiran-Nya, lalu mengembangkan sebuah hati terbuka yang rela mendengarkan dengan baik.

Menumbuhkan persahabatan dengan Tuhan ini, seperti pendengar yang baik, berarti tidak membawa jawaban dan ide kita sendiri ke dalam percakapan, lalu kemudian menjawab orang tersebut dalam pikiran kita, sebelum orang tersebut selesai berbicara.

Dalam sebuah hubungan, kita perlu belajar menjaga pikiran kita agar tetap tenang dan pertama mendengar orang tersebut—benar-benar mendengarkan ide, pandangan, dan pemikiran mereka—lalu barulah setelah itu, kita dapat ajukan jawaban atau dialog yang membangun.

Ini menjadi sangat kompleks ketika lawan bicara Anda yaitu Tuhan, dapat mendengar pikiran-pikiran Anda, tetapi masih berusaha membangun hubungan dengan Anda. Bahkan ketika mendengarkan pikiran Anda yang berantakan mencoba membuat kebisingan yang membuat komunikasi lebih sulit tanpa keheningan.

Kita perlu belajar mengajukan pertanyaan yang tepat kepada Tuhan, dan kemudian menunggu Dia, sebagai Bapa yang baik, untuk menjawab; membiarkan kesabaran membangun landasan di hati kita agar selalu siap saat Tuhan mengatakan sesuatu yang tidak kita tebak. Filter dan pikiran kita sendiri seringkali membatasi kemampuan kita untuk mendengar apa yang Tuhan ingin katakan, yang seharusnya dapat membebaskan kita dari masalah dan situasi yang membuat kita terjerat.

Sebuah ilustrasi singkat berikut semoga dapat membantu kita menciptakan gambaran mental tentang seperti apa doa perenungan itu secara alami:

Ketika Anda sedang menghabiskan waktu berharga bersama suami atau istri Anda, Anda mungkin memulai dengan hanya menghabiskan waktu mengobrol tentang apa yang terjadi dalam hidup Anda, apa yang terjadi yang tidak diketahui orang lain, percakapan ini seiring berjalannya waktu menjadi lebih dalam karena masing-masing berbicara tentang pasang-surutnya kehidupan dan di mana posisi Anda berdua berdua di saat itu.

Mungkin ada air mata, bahkan tawa! Kebersamaan ini menciptakan ruang untuk mendengarkan, memberi semangat dan bimbingan. Kemudian, setelah semua dikatakan, percakapan akan jatuh ke dalam keheningan dalam sebuah kebersamaan, merasa sudah didengar, membicarakan solusi. Dan di saat hening itu, Anda hanya beristirahat di hadapan satu sama lain, menemukan kenyamanan dalam kasih, dan mengalami kedamaian. Inilah yang kita sebut sebagai kontemplasi renungan dan doa.

PRAKTIK DOA PERENUNGAN

Rutin melakukan doa perenungan terkait erat dengan pola kehidupan perenungan dan ada berbagai metode yang dapat kita digunakan. Kita akan melihat praktik doa perenungan klasik untuk memulai langkah renungan ini.

Pertimbangkan frasa yang direkomendasikan oleh John Cassian dalam pengajarannya dari Mazmur 70:1 berikut –

"Ya Tuhan, bergegaslah untuk menyelamatkanku: Ya Tuhan lekas bantu aku"

Atau

"Tolong Tuhan! Cepat datang dan selamatkanlah aku! Tuhan, tunjukkanlah kebaikanmu dan pulihkanlah aku." (Terjemahan The Passion translation)

Praktiknya berkaitan dengan pengulangan kalimat ini selama sekitar 15 menit per hari sebagai permulaan, hanya sekedar mengulangi kalimat tersebut, tidak berusaha mencari makna, atau ide teologis. Anda mungkin akan merasakan pAndangan dan pikiran Anda mencoba untuk melihat atau memikirkan hal-hal lain, tetaplah tenang dan ulangi kalimat tersebut.

Kami mengerti dari Alkitab bahwa Tuhan duduk di Surga, di hadapan-Nya adalah "lautan kaca", mari kita bayangkan laut ini adalah emosi kita dan mari kita pertimbangkan untuk duduk dalam posisi istirahat spiritual, duduk di atas emosi kita.

Anda akan sadar, jika Anda tengah mengalami stres, emosi Anda mungkin menjadi gelisah, saya sering menggunakan teknik kursi istirahat ini untuk menenangkan emosi saya, memperlambat pernapasan saya sampai saya melihat lautan emosi dalam pikiran saya tenang.

Saya menggunakan teknik-teknik ini sebagai cara untuk memvisualisasikan penyakit emosional dan kemudian mengubah air yang bergolak di tubuh saya, yang menjadi gelisah, untuk beristirahat dan memungkinkan perenungan yang efektif.

Tuhan memberi kita imajinasi; kita bisa menggunakannya. Ketika segalanya benar-benar menggila, kadang-kadang saya bahkan menggunakan suara air, dan kemudian perlahan-lahan mengubah suara dari badai menjadi laut yang tenang, untuk memungkinkan pikiran dan hati saya menyinkronkan realita dunia luar, dengan dunia batin saya.

Begitu "laut" tenang di hati saya, barulah saya membiarkan pikiran saya mengulangi latihan tadi.

Harap perhatikan momen dalam kehidupan Anda yang membuat Anda cenderung menjadi kesal. Kita semua mengalami stres di tempat kerja, atau dengan orang-orang tertentu, namun kuncinya adalah menemukan titik pemicunya, apa sebenarnya yang menyebabkan badai batin ini.

Setelah ini diidentifikasi, Anda kemudian dapat memulai proses fisiologis untuk menganalisis perasaan itu dan mempelajari mengapa Anda merasakan apa yang Anda rasakan, bagaimana tindakan orang di luar Anda diizinkan untuk mendorong realitas internal Anda. Ketakutan akan penolakan, kegagalan, atau rasa tidak aman sering mendasari beberapa respons emosional ini.

Saat Anda terus berlatih secara teratur, kata-kata dari Mazmur 70 ayat 1 akan tertanam dalam ingatan Anda dan Anda akan dapat bersAndar pada pengalaman-pengalaman itu di saat-saat tenang Anda ketika saat-saat kekacauan muncul di hari Anda.

Waktu hening Anda akan menjadi semakin hening saat Anda membereskan pemicu emosional ini dan Anda akan sampai pada posisi hening yang menjadi saluran bagi hadirat Tuhan untuk memenuhi, mengelilingi, dan menghibur Anda.

(Spanish Cross)

CHAPTER 2

QUIETISME

Perenungan devosional dan pengabaian kehendak sebagai bentuk mistisisme agama.
Keadaan tenang yang pasif.

PELOPOR ALIRAN KETENANGAN (QUIETISME)

"Dengan angin kesengsaraan Tuhan memisahkan di dasar jiwa, sekam dari jagung."

-- Miguel de Molinos

Kita tidak dapat membahas ide-ide tentang Quietisme, tanpa berbicara tentang Miguel de Molinos, seorang revolusioner sejati dalam doa. Metode doanya menggemparkan gereja dan berpindah dari Spanyol ke Italia dan Prancis.

Miguel adalah sosok yang kontroversial, lahir pada tahun 1628, ia dekat dengan Zaragoza di Spanyol dan kemudian pindah ke Valencia. Pada tahun 1675 ia menerbitkan karyanya yang terkenal "Pandu Spiritual." Beberapa sejarawan menyebutnya "jenius spiritual"; seorang pria yang lahir sebelum waktunya.

Dalam masa Inkuisisi Spanyol, Miguel dijatuhi kurungan penjara seumur hidup karena "kesalahan doktrinalnya", menurut Paus saat itu. Miguel meninggal pada bulan Desember 1696, dalam apa yang saya yakini sebagai salah satu kesalahan paling menyedihkan dalam sejarah gereja.

Ketika kita membunuh revolusioner dan inovator teologis kita, suara kita dalam masyarakat menjadi tumpul di telinga budaya yang jenuh. Karyanya adalah awal dari praktik aliran "Quietisme" (kesunyian) dan telah menginspirasi banyak orang setelahnya untuk mengejar praktik tersebut dan melanjutkan perkembangannya.

Francois Fenelon adalah salah satu dari sedikit filsuf besar di Prancis yang mengikuti filosofi "keheningan" ini, menghargai jalan baru pertumbuhan spiritual yang tersedia di masa itu.

Ia lahir pada tahun 1651 dari keluarga bangsawan, di Sainte-Mondane, Prancis. Keluarga Francois memiliki sejarah panjang di gereja, paman dan anggota keluarganya adalah pemimpin gereja yang ternama.

Pada 1675 dia ditahbiskan sebagai imam, dan pada 1686-1687 dia melayani gereja sebagai misionaris bagi Protestan Huguenot di selatan Prancis. Dia sangat mencintai kaum Huguenot dan membujuk Raja untuk mengurangi pasukan dan mengakhiri tindak aniaya kekerasan.

Di tahun 1688 dia bertemu dengan Jeanne Guyon, sepupu pertamanya. Terkesan dengan pengabdian dan metode doa Jeanne, Francois membela konsep keheningan ini mati-matian di hadapan gereja, saat dia melihat metode doa dan perenungan Jeanne untuk membangun karakter dan bergerak ke dalam persatuan dengan Kristus. Mereka menulis buku bersama yang mencakup praktik "Quietisme" dan karya tulis ini memberikan banyak legitimasi pada Aliran Ketenangan.

Meskipun sebagian besar sejarawan tidak akan memasukkan George Fox dalam gerakan ketenangan, ide dan metodenya terlihat dan terdengar sangat mirip dengan gerakan Roh Kudus dalam mengungkapkan "Quietisme" sebagai jalan spiritual.

Terlahir pada 1624 di Leicestershire Inggris, dari keluarga penenun yang kaya. Sejak kecil, dia terlihat memiliki kecenderungan spiritual. Ayahnya meninggal pada tahun 1650 dan meninggalkan warisan besar sehingga memberinya waktu untuk mengejar jalan spiritualnya.

Dia tidak dididik secara formal, tetapi menyatakan dirinya dipimpin oleh Roh Kudus dan suara hati Tuhan-lah yang berbicara dan mendidik Dia di jalan Ilahi. Dia membaca Alkitab dengan sangat antusias dan berusaha mencari pendeta-pendeta yang bisa membantu mendidiknya. Dia menghentikan pencarian ini dan mulai membaca serta menyelidiki sendiri tulisan suci untuk jawaban yang dirindukan jiwanya.

Pada usia 23 tahun, dia mulai mengabarkan apa yang telah ditunjukkan Tuhan kepadanya. Dia berkhotbah menentang formalisme, dan pekerjaan spiritual yang tidak lagi berapi-api.

Saat dia berkhotbah, orang-orang kerap datang untuk menggoda dan mengejeknya, dan dia mulai gemetar dan bergoncang tak terkendali, maka julukan "Quakers" (penggempa) menjadi panggilan mereka untuknya. Kontribusinya terhadap konsep dan praktik ketenangan adalah dalam penciptaannya atas sebuah gerakan dimana orang banyak mempraktekkan bentuk kesunyian ini.

QUIETISME DAN KOSEP UTAMANYA

Quietisme adalah penerapan "doa yang sunyi" di mana fokus dan niat kita lebih penting daripada tindakan dan kata-kata lahiriah. Doa "tenang" adalah doa internal atau doa "sunyi" yang berfokus pada gagasan atau konsep tunggal tentang Yesus. Teresa dari Avila, menciptakan ungkapan "doa ketenangan," lebih memilih untuk memfokuskan doa heningnya pada luka-luka pada tubuh Kristus.

Akar dari aliran Ketenangan ini mungkin terdengar hampir seperti pasifisme dan pengabaian tindakan, hanya untuk hadir; namun, maksud dari doa hening ini adalah elemen penting untuk menciptakan titik koneksi ke yang Ilahi. Doa-hening mengarahkan doa untuk menginternalisasi fokus dari doa itu, mengalihkan kebisingan dan tindakan dari luar menjadi aktualisasi ke arah dalam.

Salah satu aliran pemikiran besar yang berkenaan dengan kesunyian adalah bahwa semua upaya yang dilakukan jiwa untuk mendekati Tuhan sama sekali tidak berguna, dan semua tindakan adalah kesia-siaan. Meskipun saya tidak sependapat dengan pAndangan ini, saya yakin ada sesuatu yang bisa dipelajari dalam berdiam dan tenang berkontemplasi.

Keyakinan lain dalam gerakan ini berbicara tentang gagasan bahwa semua pikiran, semua keinginan, semua usaha tidak memiliki nilai. Seseorang harus benar-benar diam, menenangkan pikiran, jiwa dan seluruh keberadaannya, hanya dengan demikian Tuhan dapat didekati tanpa usaha manusia.

Saya rasa ini mungkin agak melampaui realita kenyataan, hampir meyakini bahwa keberadaan manusia itu sendiri merupakan sebuah pelanggaran terhadap Tuhan, sebuah gagasan yang mengabaikan realitas Tuhan yang menciptakan kita dan juga pengaruh berkelanjutan yang Tuhan miliki dalam hidup kita.

Konsep utama terakhir yang ingin saya sampaikan adalah pemikiran tentang "pendengaran batin" yang terkait dengan Quaker, yang diajarkan oleh George Fox, nampaknya mirip dengan praktik Quietisme

Dari gerakan ini kami belajar bahwa "cahaya batin" atau "cahaya Kristus di dalam" Anda lebih penting daripada ajaran lahiriah, tindakan, dan pelepasan kendali eksternal oleh masyarakat.

Terang yang sesungguhnya, yang menerangi setiap orang, sedang datang ke dalam dunia.

Yohanes 1:9 (TB)

"Apakah kamu dalam kegelapan? Jangan dipikirkan, karena jika iya maka hal itu akan semakin merasukimu. Tapi diamlah, dan jangan bertindak, dan tunggulah dalam kesabaran, sampai terang muncul dari kegelapan dan menuntunmu."

James Nayler

Cahaya di dalam diri kita ini, hadirat Tuhan, yang menerangi jalan ke depan, seperti yang ditulis Daud dalam **Mazmur 119:105** – *"Firman- Mu itu pelita bagi kakiku dan terang bagi jalanku"*.

Praktek membiarkan "cahaya batin Kristus" untuk membimbing dan mendidik kita ini dapat membawa kita berhadapan muka dengan segala kerusakan kita dan motivasi kita yang salah, kemudian menggerakkan dan memotivasi kita menuju solusi Ilahi.

Terang Kristus menerangi jalan, bukan hanya jalan penyelesaian, tetapi juga langkah melayani komunitas dan melayani tubuh Kristus bersama-sama. Seseorang dapat dengan mudah mengabaikan cara Quaker, namun, melihat pencapaian mereka di masyarakat dan semua hasil aktif mereka dan sidik jari Tuhan yang mereka tinggalkan di barat membuat sukar untuk mengabaikan pengalaman mereka sebagai kisah khayalan belaka.

Gagasan dan ajaran dalam Quietisme ini memberi kita indikasi tentang praktik yang dapat kita sertakan sebagai orang percaya zaman modern dalam perjalanan kita sehari-hari dengan Tuhan. Berikut ini adalah praktik yang saya yakini dapat bermanfaat untuk kita jelajahi:

·   Pelepasan Kegelisahan

·   Penumbuhan Kesunyian

·   Ketenangan Batin

·   Realitas dan Refleksi Batin

·   Keheningan Batin

·   Doa Keberserah

Konsep meragukan yang berasal dari Quietisme

Dalam setiap pendekatan baru terhadap segala hal atau wahyu yang diterima, diperlukan kearifan untuk menentukan keabsahan dan kebenaran alkitabiah di dalamnya. Gereja mula-mula, sayangnya, telah mengutuk gerakan yang dianggap sesat ini sehingga praktik Quietisme dihindari karena takut kehilangan kendali atas bagaimana seseorang mengalami kerohanian.

Namun, saya percaya saatnya telah tiba bagi kita untuk mengekstraksi dari Quietisme, praktik-praktik yang benar secara alkitabiah dan mengangkat kerinduan mendasar akan hubungan yang lebih dalam dengan yang Ilahi. Ketika Roh Kudus menekankan suatu kebenaran rohani, yang kemudian diambil terlalu jauh dari konteksnya, "ayunan pendulum" yang khas, itu menghilangkan keindahan dari apa yang dimaksudkan semula.

Beberapa konsep yang dipertanyakan dalam praktik Kesunyian adalah:

· Pendapat bahwa semua tindakan itu bersifat jahat

· Kepasifan yang dianggap sebagai spiritualitas

· Penunda-nundaan yang dilihat sebagai tindakan suci

· Ketidak-aktifan yang dipAndang sebagai spiritualitas rohani

Jelas ini bukan apa yang diajarkan dalam Alkitab. Mari kita lihat beberapa contoh alkitabiah:

> *"Apakah gunanya, saudara-saudaraku, jika seorang mengatakan, bahwa ia mempunyai iman, padahal ia tidak mempunyai perbuatan? Dapatkah iman itu menyelamatkan dia? Jika seorang saudara atau saudari tidak mempunyai pakaian dan kekurangan makanan sehari-hari, dan seorang dari antara kamu berkata: "Selamat jalan, kenakanlah kain panas dan makanlah sampai kenyang!", tetapi ia tidak memberikan kepadanya apa yang perlu bagi tubuhnya, apakah gunanya itu? Demikian juga halnya dengan iman: Jika iman itu tidak disertai perbuatan, maka iman itu pada hakekatnya adalah mati."*

Yakobus 2:14-17

Saya percaya semua jenis doa memiliki nilai intrinsik, tidak hanya dalam membangun hubungan dengan Tuhan, tetapi juga dalam cara mengubah jiwa dan roh kita. Setiap komunikasi antara kita dan Tuhan diinginkan oleh Tuhan, Dia menginginkan hubungan dengan kita dan itu termasuk komunikasi.

Meninggikan keheningan di atas ucapan, jelas bukan itu yang terjadi dalam kehidupan Yesus. Ketika murid-murid-Nya sendiri meminta dia untuk mengajari mereka cara berdoa, Yesus berdoa "Bapa Kami," dengan lantang dan dengan maksud untuk mengajarkan metode doa, yang bersifat vokal.

Terlepas dari keberatan-keberatan ini, gerakan doa hening, telah membawa fokus yang luar biasa pada doa, yang dibutuhkan pada saat permulaannya di abad pertengahan; dan saya berpendapat, bahwa fokus pada doa, sekali lagi dibutuhkan pada hari-hari ini. Janganlah kita membuang emas bersama dengan kotoran dan menyatakan semuanya tidak berguna.

"Maka beginilah __TUHAN__ berfirman, "Jika engkau berbalik, Aku akan memulihkan engkau lagi, engkau akan berdiri di hadapan-Ku. Dan jika engkau __membawa keluar barang yang berharga dari yang tidak__ __berharga__, engkau akan menjadi seperti mulut bagi-Ku. Mereka akan kembali kepadamu, tetapi engkau jangan kembali kepada mereka." **Yeremia 15:19 (MILT)**

PRAKTIK QUIETISME

Sekarang setelah kita memahami dari mana gerakan ini berasal, apa tren sejarahnya, dan beberapa konsep yang diajarkan oleh masing-masing pendukungnya kepada pengikutnya, mari kita lanjutkan ke aktualisasi Quietisme dalam kehidupan kita sehari-hari.

Sebelum kita mendalami praktiknya, perlu kita ingat bahwa konsep doa hening berakar pada keheningan. Dunia telah menjadi tempat yang bising dan kita perlu belajar untuk kembali berdiam. Dengan demikian dapat dikatakan: beberapa praktik di sepanjang buku ini akan menantang Anda untuk berdiam, dan mencari ke dalam, dan meredam kebisingan; tetapi hadiahnya akan menjadi berkat bagi Anda saat Anda mengalami Tuhan dengan cara-cara baru yang damai dan tenang ini.

Praktik Quietisme adalah mempraktikan keheningan. Bagaimana setiap orang mencapai tempat hening di sekitar dan di dalam diri mereka sendiri bergantung pada keterlibatan mereka sebelumnya dengan perenungan. Oleh karena itu, kita akan melihat praktik pengantar yang dapat dengan mudah diperluas saat kita tumbuh dalam Quietisme dan menjadi lebih nyaman dengan keheningan.

Mari kita baca dahulu sebuah puisi oleh Ann Lewin tentang keheningan dan temukan titik temunya dengan praktik yang akan kita ikuti.

> Engkau tidak perlu
>
> mencari (lihat pada) apapun, Cukup melihat saja.
>
> Engkau tidak perlu mendengarkan suara tertentu, Cukup mendengar saja.
>
> Engkau tidak perlu mencapai apapun,
>
> Cukup berhadir (ada) saja.
>
> Dan dalam pengelihatanmu, Dan pendengaranmu,
>
> Dan kehadiranmu, Temukanlah Aku.

Menjadi Diam:

- Carilah tempat yang hening
- Merasa nyamanlah
- Berdoalah di dalam hati
- Hanya melihat
- Hanya mendengar
- Hanya hadir

TULISKAN SEGALA RENUNGAN

Doa hening dalam batin kita perlu memiliki fokus. Kita memulai diskusi tentang ketenangan dengan penekanan pada niat-doa. Niat kita akan menjadi penstabil dalam doa; saat kita berdoa dan pikiran lain mengganggu menjauhkan perhatian dari niat, kita bisa dengan mudah mengembalikan doa ke dalam fokus sehingga kita menciptakan ruang aman ini di dalam diri kita untuk terhubung dengan Tuhan.

(Salib Orthodoks)

CHAPTER 3

HESIKASME

Hesikasme adalah kesadaran dan fokus batin pada doa, merenungkan dan menyebutkan nama Yesus dalam doa, secara konsisten mengulangi nama suci-Nya, sebagai media praktek penyatuan yang sempurna dengan Tuhan. Orang yang menggunakan praktik ini menghindari impuls eksternal, dan sepenuhnya menenggelamkan diri dalam realitas batin Kristus yang tinggal di hati orang percaya.

Pelopor Hesikasme

"Keturunan dari kebajikan adalah ketekunan. Buah dan keturunan dari ketekunan adalah kebiasaan dan anak dari kebiasaan adalah karakter."

— St. Yohanes Klimakus

Yohanes Klimakus lahir di Syria pada tahun 579. Saat berusia sekitar 40 tahun, ia menetap di Biara Sinai dan di kemudian waktu meninggal di biara tersebut di Mesir. Beliau adalah seorang figur rohaniawan yang memperkenalkan penggunaan kata "Hesikasme" ke masyarakat lewat karya populernya, "Tangga Pendakian Ilahi"

Sebelumnya, konsep ini jarang digunakan dan kerap dipertukarkan dengan konsep lain yang berkaitan dengan "keheningan Ilahi".

Hampir tidak ada informasi tentang Yohanes Klimakus, karena situasi pada awal hidupnya, catatan pada periode ini cukup sulit ditemukan. Tercatat dia bertugas di "Biara Vatos" Gunung Sinai yang terletak di kaki gunung Sinai, di Mesir.

Karya tulisnya kerap membahas pendidikan yang berkualitas, yang dimana perlu dia dapatkan dari tempat lain, beberapa orang yakin beliau mulai di biara sejak umur 16 tahun, namun hal ini dibantah oleh sebagian sarjana modern karena referensi-refrensi dalam tulisannya.

Tampaknya dia tinggal di Gaza, tempat dia mempraktikkan hukum; setelah kematian istrinya, dia pindah ke biara di Sinai di usia 40 tahun. Beliau terkenal karena pengertian dan kebijaksanaannya. Hal ini menyebabkan Gregorius Agung mengiriminya uang untuk rumah sakit setempat ketika dia berusia 65 tahun.

Karyanya, "Tangga Pendakian Ilahi" berpusat pada gagasan bahwa Anda harus berupaya melalui 30 langkah untuk mencapai gaya hidup asketis (pertapaan). 7 anak tangga pertama adalah tentang karakter yang perlu dimiliki seseorang untuk gaya hidup ini. 19 langkah berikutnya mengajarkan kepada pembaca bagaimana mengatasi kecenderungan berdosa dalam karakter dan bagaimana mengembangkan karakter asketis yang mendasar. 4 langkah terakhir mengajarkan tentang kebajikan yang lebih tinggi dari gaya hidup seorang pertapa dan tujuan mengejar kebajikan atau karakter surgawi. Langkah atau anak tangga yang paling akhir dari "Tangga Pendakian Ilahi", berpuncak pada kasih, pencapaian rohani tertinggi bagi yang menjalani kehidupan asketis.

Beliau memaksudkan karya ini sebagai panduan pelatihan bagi para biarawan, namun malah menjadi karya penting bagi Kekristenan Ortodoks Timur dan Kristen Katolik Bizantium, dibaca secara luas oleh seluruh anggota jemaat sehingga, konsep Hesikasme menjadi umum dan lebih luas digunakan, dan berubah menjadi sebuah praktik perenungan.

Figur rohaniawan lain yang mempraktekkan bentuk perenungan ini adalah Santo Nicephorus. Pengetahuan kita tentang Santo Nicephorus didapat dari didikannya terhadap Santo Gregorius. Santo Nicephorus dikenal sebagai orang Italia dari Yunani, entah dari Sisilia atau Calabria. Dia melakukan perjalanan ke Konstantinopel dan menetap di sana, berpindah keyakinan dari Katolik Roma ke Kristen Ortodoks Timur.

Beliau dipenjarakan atas penentangannya terhadap penyatuan kedua gereja ini di Sinode Lyon pada tahun 1274.

Setelah dibebaskan, beliau melakukan perjalanan ke Gunung Athos dan tinggal di pertapaan di Karyes, di tempat inilah dia menulis karyanya yang paling terkenal "On the Watchfulness and Guarding of the Heart." (Kewaspadaan dan Penjagaan Hati)

Beliau juga dikenal sebagai Sang-Hesikasme karena pengabdiannya pada praktik ini dan juga ajarannya tentang praktik ini dalam hubungannya dengan pernapasan.

"Anda tahu bahwa pernapasan kita adalah penghirupan dan penghembusan udara. Organ yang berfungsi untuk hal ini adalah paru-paru yang terletak mengelilingi jantung sehingga saat udara melewatinya sekaligus juga membungkus jantung. Dapat dikatakan bahwa bernafas adalah cara yang alami untuk menuju jantung (heart=hati). Jadi, setelah Anda memusatkan pikiran Anda di dalam diri, arahkan ke saluran

pernapasan dimana udara mencapai jantung (hati) dan bersama dengan udara yang dihirupkan ini, paksa pikiran Anda untuk turun ke jantung (hati) dan menetap disana."

– Santo Nicephorus

Salah satu figur rohaniawan yang paling terkenal dalam sejarah, Gregory Palamas, juga mengajar tentang hal ini dan dianggap sebagai ahli dalam praktik Hesikasme.

Gregory Palamas lahir di Konstantinopel pada tahun 1296 ke dalam sebuah keluarga bangsawan yang bertugas di senat. Ayahnya meninggal cukup muda dan Kaisar pada saat itu menaruh minat padanya dan mencoba memajukan pendidikannya. Meskipun harapannya adalah untuk memasuki dinas pemerintahan, dia memutuskan untuk menjadi seorang biarawan.

Beliau memulai perjalanan monastiknya di Gunung Athos. Ia belajar dengan Theoleptus dari Philadelphia, yang mengajarinya doa hati dan cara-cara gereja. Ia menghabiskan waktu di sebuah biara di Vatopedi, di sini dia diarahkan oleh Penatua Nikodemus.

Setelah kematian saudara dan mentornya, beliau pindah ke Biara Lavra Agung, di mana ia menjalankan tugasnya sebagai pelantun. Beliau mencapai banyak prestasi karena praktiknya, tetap terjaga selama 3 bulan tanpa tidur. Beliau kemudian pindah ke pertapaan Glossia, mencari ketenangan, dan tunduk pada ajaran Gregorius dari Byzantium.

Pada tahun 1326 beliau ditahbiskan sebagai imam dan memulai pertapaan di sekitar Berea. Ketika ibunya meninggal, beliau kembali ke Konstantinopel (sekarang Istanbul) untuk menjemput saudara perempuannya dan kemudian kembali ke Gunung Athos, mengasingkan diri di pertapaan Santo Savas, di mana beliau memiliki banyak penglihatan dan pengalaman Ilahi.

Pada tahun 1335, beliau menjadi kepala biara di Biara Esphigmenou. Setelah mencoba mengajar 200 biarawan selama setahun, ia kembali ke pertapaan yang hening. beliau meninggal di Tesalonika pada tanggal 14 November 1359, setelah lama sakit, yang disebabkan oleh penahanan sebelumnya oleh Turki, saat beliau berbicara dengan ulama dan filsuf Muslim.

Kontribusi utama Gregory untuk Hesikasme adalah pembelaannya atas praktik ini terhadap Barlaam dan filosofi humanismenya. Barlaam bertekad untuk mendiskreditkan praktik tersebut karena pendekatan intelektualnya terhadap teologi. Gregory menulis sembilan makalah sebagai tanggapan atas serangan terhadap Hesikasme ini menuruti permohonan para biarawan yang mempraktikan praktis tersebut.

Dalam masa itu Gregory membela praktik tersebut dan memberikan kesaksian tentang fakta bahwa dia dituduh menista agama oleh gereja, namun, ini merupakan langkah politik oleh sang patriark, John Calecas, karena perang saudara pada saat itu.

Pada konsili ketiga gereja tahun 1351, Gregorius dibenarkan dan doktrinnya digunakan sebagai aturan iman gereja Ortodoks. Hesikasme tetap menjadi praktik yang disetujui oleh gereja.

HESIKASME DAN "DOA-YESUS"

Meskipun Hesikasme dan "Doa-Yesus" dapat saling dipertukarkan, ada beberapa interpretasi lain atau istilah terkait yang secara tradisional juga dikenal sebagai Hesikasme. Mereka antara lain adalah:

- Proseuche (focus batin)

- Nepsis (ketelitian)

- Mneme theou (ingatan akan Tuhan)

- Phylaki kardia (penjagaan hati)

Karena itu kita akan menggunakan referensi untuk "Doa-Yesus" saat kita melanjutkan perjalanan kita karena ini adalah praktik khusus Hesikasme yang ingin kami perkenalkan.

Tujuan dari latihan ini adalah doa yang tak henti-henti, dan mengembangkan sikap yang rendah hati kepada Tuhan, tanpa menggunakan gambaran dan imajinasi. Pikiran dibungkam oleh doa yang diulang-ulang; dengan berdoa Doa-Yesus, prosesnya menjadi pengulangan yang dipraktikkan, hampir secara otomatis diulang saat Anda sibuk dengan kehidupan normal sehari-hari. Praktik ini juga bisa disebut sebagai proses penyucian hati.

Saya ingin memberi tahu Anda tentang beberapa pengalaman pertama saya berdoa, dan apa yang terjadi ketika saya berdoa sebagai titik awal praktik "Doa-Yesus".

Saya awalnya hanya menghabiskan waktu sendirian di ruang belajar saya di rumah; berdoa "Doa-Yesus" dengan pemahaman saya yang terbatas tentang apa doa itu dan bagaimana cara terbaik untuk mempraktikkan doa tersebut dan memasukkannya ke dalam hidup saya. Saya mendekatinya seperti tugas sekolah, pengulangan demi pengulangan tanpa akhir. Itu adalah salah satu saat paling membosankan dalam hidup saya, itu adalah perjuangan yang berat, setiap saat seperti ruang siksaan mengulang satu kalimat yang terasa tidak mengubah saya.

Selang beberapa tahun, saya mengikuti retret meditasi pertama saya di Spanyol; saat itu adalah waktu khusus untuk pencerahan dan penemuan ulang. Di kala itu saya tidak berdoa "Doa-Yesus" seperti sebanyak yang saya lakukan dahulu; namun, praktik itu tetap melekat pada saya.

Beberapa hari sebelum retret dimulai, kami melintasi berbagai rute dan situs ziarah di sekitar daerah tempat kami tinggal dan mencoba menyerap sejarah ziarah di Spanyol, sengaja terlibat dengan segala aspek dan membiarkan Roh Kudus membimbing dalam setiap langkah.

Satu jalan yang khusus kami lewati membawa kami ke biara tua di pantai Mediterania yang bagaikan suar cahaya, menyambut kami untuk menjelajahi sejarahnya. Biara itu besar dan indah terlihat di ketinggian di atas gunung dari laut bawahnya. Biara itu memiliki jalur di sekitarnya dan saat kami mendaki bukit kecil di belakang biara, saya bisa merasakan sebuah doa tiba-tiba meluap di dalam diri saya.

Sambil saya berjalan saya mulai mengucapkan "Doa-Yesus." Saya membawa manik-manik doa di tangan saya dan menggunakannya untuk membantu saya menjaga irama doa saat suasana berubah dan hati saya kewalahan. Saya hanyut ke dalam penglihatan masa lalu, di mana para biarawan dan pendeta berjalan di jalan ini dan berdoa dengan doa ini . Doa-Yesus bergema di bibir mereka, dan sifat Allah memenuhi penglihatan itu. Saya bisa merasakan ketakutan kudus dan kekaguman akan Tuhan yang mengelilingi mereka.

Mataku berkaca-kaca, dan di bukit yang tenang ini, sesuatu di dalam diriku berubah; praktik yang terasa melelahkan dan kering, menjadi sungai keceriaan, mata air kemuliaan, memenuhi sudut-sudut hatiku.

PRAKTIK BERDOA "DOA-YESUS"

Kesederhanaan praktik dan fokus yang dibutuhkan mungkin tampak mudah dan cukup umum/biasa saja, namun, di balik praktik kuno ini terdapat akses doa yang hanya dapat ditiru oleh segelintir tradisi lain.

Anda mungkin bertanya, mengapa Anda ingin mengulangi kata-kata yang sama selama berjam-jam, terus-menerus mengatakan hal yang sama, itu pasti sebuah tindakan yang paling membosankan dan mematikan jiwa yang dapat dipikirkan oleh manusia. Anda benar, dan dari beberapa sudut pAndang, memang itulah intinya; mendorong pikiran dan jiwa kepada titik kebosanan absolut, dan merenungkan kebenaran yang tersembunyi dari kata-kata berulang kali dapat menggali makna yang lebih dalam, mengalami kata-kata tersebut secara lebih lagi sehingga menjadikannya sebuah realita.

Meskipun doa itu sendiri tidak membantu Anda berpikir tentang teologi intinya dan tidak mengisi pikiran Anda dengan "penjelasan" tentang doa itu sendiri disaat Anda mengikuti praktik ini, mohon upayakan untuk masuk ke dalam beberapa pemikiran tentang doa ini untuk menunjukkan adanya kompleksitas di bawah permukaan dan mengungkap kedalaman pemahaman yang dimiliki para figur-figur kudus tentang hubungan mereka dengan yang Ilahi. Ini akan mendorong kita untuk melihat lebih dalam ke batin kita dan menerima pengorbanan Kristus.

"Tuhan Yesus Kristus, Putra Allah, kasihanilah aku, orang (yang) berdosa"

1) **Tuhan Yesus** – Siapakah Yesus? Orang yang ter-salib, Tuhan- Manusia di kayu salib, orang yang ditusuk 7 kali, siapakah sosok ini, apa rasa sakit-Nya, bagaimanakah Dia menderita?

2) **Kristus** – Sang Kristus, disembelih sejak permulaan dunia, seperti yang ditulis oleh Yohanes. Siapakah sosok Kristus ini, Juruselamat bagi dunia, anak domba yang disembelih bahkan sebelum penciptaan? Siapakah anak domba ini, mengapa Dia, sebagai Tuhan, mengijinkan eksistensi-Nya diambil dari pada- Nya yang merupakan bagian dari Trinitas? Bagaimanakah Dia dibunuh, bagaimanakah Dia tersingkir dari Trinitas sehingga membiarkan kematian masuk ke dalam diri-Nya?

3) **Putra Allah** – Apa artinya kata putra ini, diperanakkan namun tidak dIlahirkan; bagaimanakah keberadaan-Nya sebelum "keputraan'-Nya, atau apakah Dia selalu seorang putra dari awal?

4) **Kasihanilah Aku** – Apa itu belas-kasihan, dan karena saya tidak pantas menerima kasih ini atas upaya saya sendiri, bagaimanakah saya mendapatkan kasih ini? Untuk apa saya membutuhkan belas-

kasihan, apa kekurangan saya sehingga saya perlu meminta belas-kasihan? Mengapa saya membutuhkan belas-kasihan, jika Tuhan yang menciptakan saya, dan mengetahui kekurangan saya, apakah saya yang harus disalahkan atas kelemahan saya, apa gunanya belas-kasihan ini?

5) **Orang Berdosa** – Ini bukanlah pengakuan akan keberadaan yang permanen, melainkan pernyataan tentang perlunya keselamatan, kebutuhan orang percaya untuk terus menerima belas-kasihan, untuk kekurangan/kesalahan.

Sepeperti yang dapat Anda lihat dari pertanyaan dan pola pikirnya, doa menjadi metode meditasi pada Yesus Kristus, dan dengan demikian akan mengalir ke dalam kehidupan orang percaya kemampuan untuk berpindah dari keberadaan saat ini ke pola berpikir yang lebih tinggi.

Ini adalah perenungan dasar tentang "Doa-Yesus"; namun, saat seseorang menghabiskan lebih banyak waktu berdoa, jalan doa terbuka untuk pAndangan eksplorasi dan pencerahan.

Hasilnya adalah perpindahan dari sekedar doa kontemplatif, dan meditasi kata-kata, ke pemrograman ulang pikiran bawah sadar yang berulang-ulang, menyediakan sistem pemikiran yang terus-menerus memikirkan pemikiran-pemikiran Ilahi.

Kita semua memiliki pola pikir, ide, dan pikiran berulang yang seringkali negatif dan seringkali didasari oleh rasa takut atau pengalaman traumatis masa lalu. Amalan doa ini memulai kita dalam pembelajaran untuk memprogram ulang pikiran-pikiran itu, dan menciptakan sistem berpikir positif yang memungkinkan pikiran bawah sadar untuk diubah melalui pengulangan.

Proses mentransformasi pikiran seringkali diupayakan hanya dengan menghafal ayat-ayat kitab suci, namun proses yang melelahkan ini, seringkali hanya terfokus pada pikiran sadar, pikiran sadarnya orang yang beriman, yang membutuhkan proses berpikir aktif dan tidak selalu memungkinkan dalam rutinitas keseharian kita.

Proses "Doa Yesus", yang pada hakikatnya adalah doa yang terus-menerus diulang-ulang dan membuat frustrasi proses kognitif, mulai mempersingkat jalur berpikir normal ke dalam eksplorasi tentang Tuhan, menjadi pengalaman yang lebih imersif.

Kemampuan kami untuk mempelajari metode-metode menghadapi

pikiran, membangun sistem berpikir tidak hanya pada proses linier barat, tetapi sistem melingkar dari timur yang dikembangkan oleh pemikir Ibrani, dan ditransfer ke bapa gereja Suriah dan Mesir, kami manfaatkan untuk kembali.menemukan proses yang menggunakan ritme kehidupan, dan aliran alami kehidupan, membangun pola doa ke dalam aliran ini, dan kemudian membiarkan aliran doa ini memengaruhi kita pada tingkat yang jauh lebih dalam daripada sekadar teknik memori kognitif.

Kita perlu memahami bahwa sebagian besar gerakan dalam doa membutuhkan pengaruh Tuhan pada orang tersebut, tidak seperti banyak metode swadaya yang meniru praktik ini. Sebagai orang Kristen, kita percaya Tuhan hadir dalam pencarian kita akan Dia, kita percaya pekerjaan Ilahi dalam praktik kita yang memungkinkan adanya pertumbuhan dan perubahan yang lebih tinggi, karena mengijinkan yang Ilahi menguatkan jiwa untuk masuk ke dalam proses pendewasaan.

SARAN PRAKTIS

Untuk memulai penjelajahan doa, carilah tempat yang tenang di mana Anda bisa berdoa, jauh dari orang, telepon, dan dunia. Ucapkan "Doa Yesus" dengan cukup keras sehingga telinga Anda dapat mendengar kata-katanya – perlahan-lahan berfokus pada setiap kata.

Pemenggalan antar kata-katanya dapat docontohkan seperti berikut:

**Tuhan .... Yesus Kristus .... Putra Allah .... Kasihanilah .... Aku ....
Orang (yang) Berdosa**

Anda dapat mengucapkan kata-kata diatas sesuai dengan kecepatan Anda sendiri, pastikan Anda jelas dan niat dalam pelafalan Anda.

Saat Anda mencapai akhir doa, mulailah mengucapkannya lagi, Anda juga dapat menambah atau mengurangi kecepatan untuk membantu Anda fokus pada setiap kata. Fokus saja pada kata-katanya, terkadang pelan-pelan pada setiap suku kata, di lain waktu, ucapkan doa secepat mungkin, tanpa kata-kata tersebut melebur satu sama lain.

Jika pikiran Anda mulai ragu, jangan berpikir bahwa Anda tidak mampu melakukan ini. Kita semua sedang dalam proses belajar dan mengembangkan praktik ini. Kembalikan pikiran Anda ke dalam doa dan teruslah berdoa.

Hal Yang Perlu Dihindari:

- Jangan mencoba untuk memvisualisasikan sosok Yesus

- Jangan merenungkan kehidupan Yesus, maupun teologi Yesus

- Jangan berfokus pada dirimu sendiri, ataupun dosa-dosamu

Tips Berguna:

- Targetkan untuk berdoa 15 menit per hari, lalu upayakan naik sampai 30 menit per hari.

- Dianjurkan untuk berdoa di pagi hari saat Anda terbangun.

- Saat Anda mengantuk, bangunlah, lalu tersungkurlah (rendahkan dirimu) dihadapan Tuhan.

- Sediakan manik-manik doa atau tali doa, benda tersebut dapat membantu jari-jari kita saat muncul tendensi mengutak-atik (*fiddling, fidgeting*).

(Salib Rusia)

DOA-KETERPUSATAN

CHAPTER 4

"Doa yang dari Hati"

Doa-Keterpusatan adalah salah satu metode doa meditasi yang menekankan tegas pada keheningan batin di mana fokus bergerak dari metode doa eksternal ke doa responsif yang beristirahat di dalam Tuhan untuk tujuan hubungan pribadi dengan Tuhan.

PELOPOR DOA-KETERPUSATAN

"Keheningan adalah bahasa pertamanya Tuhan; yang lain hanyalah terjemahan yang kurang tepat."

– Thomas Keating

Gerakan Doa-Keterpusatan dimulai oleh Pdt. William Meninger, seorang biarawan Trapis Amerika, lahir dan dibesarkan di Boston, Massachusetts. Ibunya lahir dan besar di Irlandia dan ayahnya adalah seorang Quaker dari Pennsylvania.

Setelah belajar di Seminari St. John di Boston, beliau ditahbiskan menjadi imam pada tahun 1958. Sangat dipengaruhi oleh petapa Inggris abad ke-14 yang menulis *"Cloud of Unknowing"* (Awan Ketidaktahuan), ia mengembangkan sistem perenungannya sendiri demi membuat praktik ini lebih tersedia bagi yang ingin berlatih perenungan.

Pada tahun 1974 beliau mengadakan lokakarya pertamanya, menjadikan Doa-Keterpusatan yang berfokus pada pengampunan, doa, dan kitab suci. Dia memengaruhi kepala biaranya saat itu, Basil Pennington, dan Thomas Keating, yang kemudian menjadi penganjur Doa-Keterpusatan, dan menciptakan momentum yang lebih besar di Amerika untuk praktik Doa-Keterpusatan.

Thomas Keating lahir di New York pada Maret 1923. Beliau kuliah di Deerfield Academy, Universitas Yale, dan Universitas Fordham dimana ia menyelesaikan pendidikannya. Di Biara St. Joseph, Spencer, Massachusetts, dia bertemu William Meninger, yang membuatnya tertarik pada praktik Doa-Keterpusatan.

Pada tahun 1984 Thomas Keating turut mendirikan Contemplative

Outreach, Ltd. Organisasi ini menyediakan tempat yang aman untuk pembelajaran dan praktik yang di antaranya adalah, Doa-Keterpusatan!

Pihak ketiga yang terlibat dalam praktik Doa-Keterpusatan saat itu adalah Basil Pennington. Ia lahir pada tahun 1931 di Brooklyn, New York. Ia mendapatkan gelar dari Cathedral College of the Immaculate Conception pada tahun 1951, ketika ia masuk Ordo Cistercians, di mana ia mengikuti tradisi ketat aliran Trapis.

Ia ditahbiskan sebagai imam pada tahun 1957 di St. Joseph's Abbey di Spencer, Massachusetts, di mana ia bertemu dengan William Meninger dan Thomas Keating. Ketiga imam ini dianggap sebagai pendiri gerakan Doa-Keterpusatan di Amerika Serikat, meskipun tradisi ini diambil dari akar doa perenungan yang jauh lebih awal dalam sejarah Eropa.

Ketiga biarawan ini mengembangkan metode doa ini dan menyebarkannya kepada komunitas awam Gereja Katolik sebagai praktik spiritual, dan gerakan ini terus berkembang hingga saat ini.

Meskipun Thomas Merton tidak terlibat dalam gerakan Doa-Keterpusatan, kehidupannya secara pasti mencerminkan apa yang kemudian menjadi gelombang perenungan dan mengubah wajah dari paham Katolik dan Kekristenan di dunia barat.

Lahir di Pegunungan Pyrenees, Prancis pada tanggal 31 Januari 1915, anak dari Owen Merton, seorang pelukis asal Selandia Baru, dan Ruth Jenkins, seorang seniman Amerika dan anggota Quaker. Ibunya meninggal ketika ia berusia enam tahun. Ayahnya memintanya dibaptis di Inggris. Ia sering pindah antara New York (Queens), Prancis, dan Inggris.

Pada tahun 1931 ayahnya meninggal dunia, setelah itu ia memulai studinya di Cambridge pada tahun 1933. Masa-masa di Cambridge ini bukanlah waktu yang indah dalam hidupnya, ia sering terlibat masalah hukum dan bahkan memiliki seorang anak yang tidak pernah ia jumpai. Teman ayahnya kemudian menyarankannya untuk belajar di Columbia University yang ia mulai pada tahun 1935.

Mentornya, Mark van Doren, mengarahkannya untuk membaca beberapa maha-karya rohani dan membantunya menemukan jalan spiritualnya. Di tahun 1939, ia masuk Gereja Katolik dan tidak lama kemudian ia ingin menjadi seorang imam. Ia menjadi seorang biarawan Trapis di biara Gethsemane. Di bawah arahan kepala biara ia menulis *"The Seven Storey Mountain"*, sebuah buku terlaris di New York.

Merton diakui sebagai orang pertama yang menggunakan istilah "Doa-Keterpusatan". Berikut adalah ajarannya tentang Doa-Keterpusatan secara singkat. Perlu diingat bahwa dia adalah salah satu pemikir besar pada masanya sehingga banyak yang bisa dipelajari dari ajarannya.

Ringkasan dari 7 Tahapan Doa-Keterpusatan ala Merton:

1) Kesunyian - Menyepakati Kehadiran Tuhan

2) Kesendirian - Mengabaikan Dialog Internal dan Beristirahat dalam Tuhan

3) Solidaritas - Kesadaran tentang Meningkatnya "ke-Esaan"

4) Pelayanan - Tuhan di dalam Diri Kita, Melayani Tuhan di dalam Diri Orang Lain

5) Ketenangan - Kehadiran yang Melebihi Konsep Rasional

6) Kesederhanaan - Integrasi Perenungan dan Tindakan

7) Keberserahan - Keadaan Jiwa yang Tetap dari sebuah Kesatuan ke Persatuan dengan Yang Ilahi

DOA-KETERPUSATAN SEBAGAI PRAKTIK

Doa-Keterpusatan pada intinya adalah praktik "melepaskan" pikiran dalam aliran kesadaran kita dan membiarkan hati-pikiran terbuka kepada Tuhan, kosong dari diri sendiri, penuh dengan kehadiran Tuhan.

Praktik ini mengajarkan kita untuk tidak terikat pada pikiran dan gagasan yang dihasilkan oleh kehidupan dan pengalaman; hanya membiarkan mereka lewat dan menganggap pikiran hanya sebagai penonton yang objektif, lalu masuk ke dalam keheningan batin kehadiran Tuhan.

Sentral dalam praktik Doa-Keterpusatan adalah memilih sebuah "Kata-Kudus" yang digunakan untuk memfokuskan pikiran saat kita duduk dalam keheningan dengan sikap yang menerima. Ketika kita sadar akan pikiran, emosi, atau perasaan, "Kata-Kudus" tersebut diucapkan untuk membuat pikiran menjadi tenang kembali. Kata suci tidak digunakan terus-menerus, hanya jika diperlukan.

Kata-Kudus adalah kata apapun yang dapat Anda hubungkan dengan Tuhan, yang akan membantu pikiran Anda fokus menenangkan jiwa.

Kata ini dapat diganti dengan kata lain dalam sesi yang berbeda. Sebagai contoh, jika Anda praktik di pagi hari, kata seperti "kasih- karunia" atau "belas-kasih" mungkin dapat membantu Anda mempersiapkan hari yang akan dijalani, tetapi dalam praktik saat malam hari, kata seperti "bersyukur" atau "suci" dapat digunakan untuk mengakhiri hari Anda.

Contoh kata-kata:

Kasih ... Karunia ... Bahagia ... Damai ... Cahaya ... Hati

... Ya ... Ada ... Sekarang ... Hidup ... Harapan ... Iman

... Yesus ... Kristus ... Suci ... Tenang ... Roh ... Bapa ... Bunda ... Surga ... Kemenangan

Kata-Kudus mengungkapkan niat kita dan mulai mempengaruhi perhatian pikiran. Tujuan dari doa ini adalah untuk belajar berserah penuh dan melepaskan ego, menyerahkan diri kita kepada Tuhan. Kata- Kudus menjadi titik akses di mana kita membiarkan Roh Kudus yang lembut masuk ke dalam pikiran kita melalui kehendak kita, dan menggunakan kata tersebut untuk mengungkapkan kehendak kita, untuk dengan sengaja mencari Tuhan.

Kata-Kudus bukanlah hal yang ajaib, melainkan seperti saklar yang membuat kesadaran kita fokus dan mengkokohkan niat menjadi sebuah kata atau suku-kata sederhana.

Praktik keheningan batin ini menjadi partisipasi kita dengan Tuhan; ruang hening suci di dalam diri kita ini menjadi persimpangan antara kerohanian dan kemanusiaan kita.

PRAKTIK DOA-KETERPUSATAN

Hakikat dan tujuan utama dari semua doa adalah menyambungkan diri dengan yang Ilahi. Oleh karena itu, tujuan dari praktik ini adalah untuk menginspirasi semacam antusiasme terhadap doa dalam keheningan dan menerjemahkan gagasan-gagasan tersebut ke dalam kehidupan kita yang penuh kesibukan.

Doa-Keterpusatan adalah pintu masuk yang lebih mudah ke dunia perenungan, dan ketika dilakukan secara teratur, menjadi praktik intuitif untuk mencari Tuhan dalam setiap situasi. Anda akan belajar bagaimana menenangkan pikiran Anda bahkan ketika Anda tidak memiliki akses ke tempat yang hening. Tindakan Doa-Keterpusatan itu sendiri adalah sebuah perpindahan dari luar, ke dalam, kepada Tuhan.

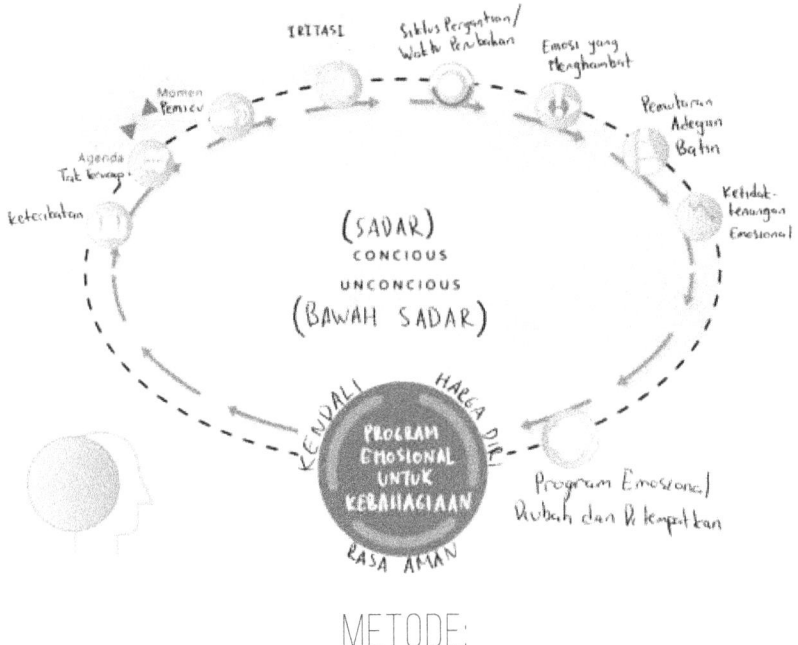

METODE:

1. Tentukan tempat yang hening untuk menegakkan diri Anda.

2. Pilih sebuah "kata-kudus" yang mencerminkan intensi kita untuk tertuju dan terhubung dengan hadirat Tuhan.
   Contoh: "Tuhan", "Kasih", "Yesus", dll

3. Fokuskan intensimu kepada doa dalam pikiranmu.

4. Pakailah "kata-kudus" sebagai ekspresi keniatan untuk menuju hadirat Tuhan dengan mengucapkannya secara lisan.

5. Saat pikiran mulai terganggu, fokuslah pada "kata-kudus", dan ulangi mengatakannya secara perlahan.

6. Di akhir sesi doa, tetaplah dalam posisi dan postur yang sama, berdiamlah selama beberapa menit.

7. Ingat bahwa inipun adalah waktu reseptif untuk menerima dari Tuhan.

Metode doa ini memfokuskan intensi dari doa. Ada penekanan kuat pada gairah hati dan intensi serta keinginan internal. Oleh karena itu, bentuk doa ini terkadang disebut *"Heartfulness"* (Kesepenuh-hatian).

Kita belajar untuk mendengar suara batin kita, kemudian membiarkan pikiran atau gagasan yang tak terucapkan dan juga motivasi tersembunyi muncul ke permukaan, memungkinkan kita untuk menghadapi agenda tersembunyi kita dan bergerak sepanjang perjalanan kita dengan Tuhan. Hati kita dapat dihibur dalam doa ini sehingga kehidupan dapat mengisi luka dan tempat mati dalam ruang itu.

(Salib Siria)

CHAPTER 5

LECTIO DIVINA:

"pembacaan Ilahi"

Lectio Divina berasal dari metode Ibrani dalam mempelajari Kitab Suci yang disebut Haggadah atau pembelajaran dengan hati. Haggadah adalah interpretasi interaktif dari Kitab Suci dengan menggunakan teks secara bebas untuk mengeksplorasi makna dalamnya.

(Spiritualitas dan Praktik)

PEMBERI PENGARUH LECTIO DIVINA

Origen Adamantius lahir pada tahun 184 di Alexandria, Mesir. Ayahnya menanamkan cinta akan Alkitab dalam dirinya dan dia menghafal berbagai ayat sejak usia dini. Dia unggul dalam berbagai bidang, tetapi cintanya terhadap teologi membawanya mendapatkan posisi di Sekolah di Alexandria, di mana dia memberikan kuliah tentang teologi.

Origen mengonversi seorang dermawan kaya bernama Ambrose. Dia begitu terkesan dengan Origen sehingga dia mensponsori studinya dan membiayai publikasi dari semua tulisannya. Dia juga menyediakan Origen dengan tujuh penulis dan sekretaris untuk membantu mencatat teologi dan gagasan-gagasannya.

Origen adalah tokoh kontroversial dalam sejarah gereja karena perselisihannya dengan Demetrius, uskup Alexandria, dan beberapa pandangannya dalam teologi. Karya-karyanya selalu menjadi kontribusi utama dalam teologi Keristenan.

Pada abad ke-3, Origen mulai menjelajahi gagasan bahwa Alkitab memiliki makna dan tafsiran alegoris yang tersembunyi. Artinya, ada lebih dari sekadar terjemahan harfiah nilai-nilai Alkitab dari bahasa Ibrani dan Yunani ke dalam bahasa Inggris.

Origen mengusulkan bahwa Alkitab seharusnya "menyentuh" pembacanya dengan membiarkan kata-kata dan maknanya menetap, serta membaca kitab suci secara pribadi dan lantang untuk membantu memahami makna tersembunyi ini.

Salah satu gagasan penting dari Origen adalah "Scriptura sui ipsius

Interpres"; Alkitab adalah penafsirnya sendiri. Dengan demikian, proses membaca yang sakral mengikuti ide ini sampai akhir.

Paus Gregorius I lahir pada tahun 540 di Roma, Italia, juga merupakan seorang guru dan pendukung utama Lectio Divina. Ia terkenal lewat karyanya tentang liturgi gereja pada saat itu. Ia mengirim misi ke Inggris untuk mengonversi mereka dan membangun hubungan dengan banyak orang di Eropa saat itu.

Dia menuliskan, "*Alkitab adalah surat-surat dari Allah Yang Maha Kuasa kepada ciptaan-Nya. Tuhan dari segala yang ada telah mengirimkan surat-surat-Nya untuk keuntungan hidupmu - namun kamu lalai membacanya dengan antusias. Pelajarilah, aku mohon, dan renungkanlah setiap hari kata-kata Penciptamu. Pelajarilah hati Allah dalam kata-kata Allah*" (Letters, 5, 46).

Dengan fokus pada kitab suci yang kudus ini, ia menegur gereja untuk merenungkan dan memikirkan kitab suci, dan Lectio Divina akan menjadi cara meditasi.

St. Benediktus adalah tokoh menarik yang lahir pada tahun 480 di Italia. Ia mendirikan dua belas biara di Italia. Ia menciptakan aturan dalam sistem biara-nya untuk "membaca kitab suci," agar Tuhan dapat berbicara kepada para biarawan dan kepada gereja.

St. Benediktus mengutip kitab suci tentang "sifat hidup" atau "firman hidup" yang memungkinkan Alkitab untuk membaca kita, anak-anak Sang Guru, Yesus.

> *Tetapi apakah katanya itu? Dekat engkau ada perkataan itu, di dalam mulutmu, dan di dalam hatimu, yaitulah perkataan iman, yang kami beritakan. Karena jikalau engkau mengaku dengan mulutmu bahwa Yesus itu Tuhan, dan yakin di dalam hatimu bahwa Allah telah membangkitkan Dia dari antara orang mati itu, maka engkau akan selamat. Karena dengan hati orang percaya sehingga beroleh kebenaran, tetapi dengan mulut orang mengaku sehingga beroleh selamat.*

Roma 10:8-10 (TL)

> *Karena firman Allah itu hidup dan berkuasa, dan lebih tajam daripada pedang bermata dua, dan makan dalam sehingga menceraikan nyawa dan roh, serta sendi dan sumsum, dan tahu menyelidik segala ingatan dan niat hati.*

Ibrani 4:12 (TL)

LECTIO DIVINA DAN KITAB SUCI

Setiap agama memiliki "kitab suci" masing-masing yang mereka percayai diberikan oleh Tuhan kepada umat manusia, untuk menerangi jalan menuju pertumbuhan spiritual dan pengetahuan tentang yang Ilahi.

Kekristenan meyakini Alkitab, bukan hanya sebagai sebuah karya sastra, tetapi sebuah kitab suci, di mana apa yang tertulis adalah kata-kata Tuhan sendiri, yang diilhami dan diberikan kepada orang-orang kudus untuk mereka catat saat Tuhan berbicara kepada umat manusia.

Baik saat Anda membaca Alkitab Ethiopia dengan 88 kitab atau versi barat dari Alkitab, faktanya adalah, kitab suci itu tetap suci dan masih mengandung Firman Tuhan. Kami mengerti bahwa kitab suci tidak sempurna, ada kesalahan yang terjadi karena penyalinan karya kuno yang perlu ditulis tangan setiap katanya.

Kita harus ingat bahwa kitab suci tidak bisa mengandung Tuhan! Meski kita percaya kitab suci adalah kata-kata Tuhan kepada umat manusia, tidak ada karya atau tulisan manusia yang bisa mengandung Tuhan yang menciptakan segalanya dan menjadikan kita anak-anak-Nya. Sebaiknya kita menganggap Alkitab sebagai surat dari Tuhan kepada kita, umat manusia, lalu menafsirkan dan mempertanyakan kitab suci dari sudut pandang tersebut.

Dalam tradisi Yahudi, kitab suci dianggap sebagai perwakilan ucapan Tuhan, dengan banyak dimensi interpretasi dan pemahaman.

Namun, kita dapat percaya bahwa kata-kata yang tertulis dalam buku yang indah dan kuno ini mengandung pikiran Tuhan; gagasan Ketuhanan yang dikomunikasikan kepada umat manusia. Karena itu, cara kita mendekati buku ini berbeda dengan buku lain, bukan sekadar kumpulan cerita dan/atau saran, tetapi sebagai teks kudus, sebuah teks hidup yang terus berubah sesuai dengan pandangan dan hati pembaca.

Misteri dari teks ini, "menjadi seperti air", berarti kata-katanya fleksibel dalam makna dan sifatnya; berubah sesuai dengan zaman, sehingga Firman tertulis akan selalu menjadi relevan untuk budaya sekitarnya. Meskipun sifat kuno dari teks tersebut tetap ada, penerapan kebenaran di dalamnya tetap relevan dan penting bagi semua pengikut Kekristenan saat ini.

Tanpa Firman Tuhan yang kudus, tidak akan ada standar kebenaran. Meskipun kita semua berargumen, menafsirkan, dan bergumul dengan maknanya, arti dasarnya tetaplah jelas: Yesus Kristus adalah Tuhan.

Telah ada kritik tekstual dan banyak studi yang berdasarkan manuskrip berbeda dari Alkitab, beberapa kesalahan dan paradoks-paradoksnya, namun kebenaran tetap ada di dalam teks, tersembunyi di balik kata-kata adalah pribadi Kristus Yesus, Firman yang menjadi daging.

Umat Kristiani di seluruh dunia memahami Alkitab sebagai Firman Tuhan yang berpadu dengan umat manusia sepanjang sejarah, dan mengetahui bahwa seiring berjalannya waktu, studi, doa, dan pemikiran manusia terhadap ayat-ayat suci ini tetap terus berlangsung.

Alkitab mungkin menjadi salah satu karya yang memiket pemikir-pemikir terbaik dalam sejarah, dan bahkan masih sampai sekarang, untuk menghabiskan waktu, energi, dan fokus besar, demi menyaring pesan-pesan tersembunyi di dalamnya; interpretasi yang sempurna.

Tindakan ini adalah hasil dari kasih, dilakukan oleh para sarjana, akademisi, dan orang-orang taat, terikat dalam jam-jam studi harian. Semua duduk di hadapan halaman-halaman tersebut, menemukan bahwa Firman Tuhan juga menjadi suara yang nyata di telinga kita, bukan hanya menyampaikan makna, tetapi mengkomunikasikan hubungan.

Setiap orang yang membaca Alkitab menemukan makna yang unik di dalamnya. Ketika membaca Alkitab, makna berubah tidak hanya dari pembacaan pada satu sama lain, tetapi juga saat kita bertumbuh dalam pemahaman dan pewahyuan kita. Makna harfiah yang tampak mungkin statis dalam interpretasi, tetapi praktik ini mengajarkan kita untuk menjadi lebih alegoris dan metaforis dalam pembacaan kita.

LECTIO DIVINA

Praktik Lectio Divina menjelajah proses pemembacaan Alkitab sebagai tindakan spiritual; berpikir dan merenungkan kata-kata Ilahi ini sebagai jalan pencerahan menuju kehidupan spiritual.

Karena banyaknya lapisan makna yang tersembunyi dalam Kitab Suci ini, membacanya sambil menjalani kehidupan memungkinkan kita untuk tumbuh bersama kata-kata tersebut, menafsirkannya dan kemudian menafsirkannya ulang seiring dengan perkembangan perspektif kita. Dari sudut pandang tertentu, dapat dikatakan bahwa Alkitab-lah yang membaca diri kita, bukan kita yang membacanya.

Membaca Alkitab sebagai tujuan doa mengimplikasikan bahwa kita tidak hanya membaca untuk memahami, tetapi juga membaca demi mendengar, mendengarkan suara Tuhan di balik kata-kata.

Lectio Divina adalah perjalanan yang sangat pribadi, Anda perlu membawa kehidupan Anda ke dalam praktik ini; kehidupan pribadi yang hanya Anda yang tahu, dan dengan hati terbuka membiarkan Tuhan membimbing Anda, mengijinkan suara-Nya berbicara kepada Anda tentang masalah, beban pikiran dan ide-ide Anda sendiri. Jalur perubahan yang mengikuti ini dapat membawa Anda menuju pertumbuhan spiritual kepada Tuhan.

Jawab dari mengapa harus "Lectio Divina" adalah: kita melakukan praktik ini bukan semata-mata untuk pengejaran intelektual, tetapi karena bagi kita, Alkitab juga adalah sebuah sakramen. Tindakan bertemu dengan kata-kata itu sendiri adalah praktik spiritual, pekerjaan spiritual, seperti berdoa, beribadah, atau upaya kerohanian lainnya.

Mari kita gunakan sebuah ilustrasi - Kita dan Tuhan bagaikan dua pohon di sebuah taman, tertanam terpisah, tumbuh perlahan-lahan menuju satu sama lain seiring berjalannya waktu. Kemajuan seakan tampak tak terlihat, lambat, tidak terasa oleh orang yang lewat, namun kemajuan yang pasti tengah terjadi seiring pertumbuhan yang konsisten.

Suatu hari, ketika badai kehidupan menghembuskan dedaunan pohon Anda, Anda akan menemukan carang-carang Tuhan menopang Anda di tengah angin, dan tumbuh tepat di samping Anda, kanopi kasih-Nya, dedaunan-Nya menyembuhkan luka-luka Anda.

PRAKTIK LECTIO DIVINA

Sebelum kita mulai berlatih, kita perlu memahami bahwa tujuan dari praktik ini adalah untuk mendengar suara Tuhan melalui Kitab Suci.

Kita sering menjadi terlalu analitis dan teologis saat membaca Firman Tuhan. Alkitab adalah "Firman yang hidup"; izinkan kata-kata suci menjadi hidup bagi Anda, berbicara kepada Anda, izinkan Kitab Suci membaca diri Anda.

Ini bukanlah proses searah seperti kebanyakan karya sastra lainnya, Anda sekarang akan terlibat dengan buku terlaris sepanjang sejarah. Membaca Alkitab secara khusyuk dilakukan bukan sebagai tindakan studi, tetapi sebagai tindakan menghadap Allah yang Ilahi saat membaca Firman-Nya kepada umat manusia sepanjang masa.

· **"Lectio" – Membaca**

Pertama, carilah ayat Alkitab untuk dibaca. Bisa ayat apapun yang Anda nikmati; Mazmur kerap kali menjadi tempat terbaik untuk memulai, tetapi pilih beberapa ayat yang Anda kenal untuk berlatih.

Saat Anda membaca, tenangkan hati dan pikiran Anda. Jangan memaksakan praktik ini, tetapi biarkan Alkitab menarik perhatian Anda, lihat apakah ada kata-kata tertentu yang menarik perhatianmu.

· **"Meditatio" – Merefleksikan**

Bacalah kembali ayat tersebut dengan fokus pada bagian-bagian di mana Anda merasa Tuhan berbicara kepada Anda, atau dorongan dari Roh Kudus saat Anda membaca Alkitab.

Renungkan apa yang Anda percaya Tuhan katakan kepada Anda, pikirkan tentang ayat tersebut dengan lebih mendalam dan mintalah kepada Tuhan untuk menjadikan fokus-Nya jelas bagi Anda sehingga Anda dapat memahami apa yang hendak Dia katakan.

Ingatlah bahwa Roh Kudus ada bersama Anda, membantu Anda memahami realitas kerohanian ini.

· **"Oratio" – Meresponi**

Setelah membaca ayat tsb. untuk ketiga kalinya, pastikan Anda memiliki jurnal, dan tuliskan beberapa gagasan dan pemikiran yang Anda pelajari dari ayat atau pasal tersebut. Kebanyakan dari kita sulit mengingat pelajaran tersebut keesokan harinya, menulis dapat membantu dalam proses pemahaman.

Saat Anda menulis, luangkan waktu untuk atas ayat tersebut, tanyakan pertanyaan kepada Tuhan, dan tuliskan beberapa jawaban yang Dia berikan kepada Anda.

Tuhan tidak akan keberatan dengan orang yang jujur secara brutal; Tuhan sanggup menghadapi kemanusiaan Anda.

· **"Contemplatio" – Beristirahat**

Duduklah dengan tenang dan minta Tuhan untuk menyelesaikan pekerjaan yang telah Dia mulai di dalam hati dan dirimu. Anda adalah makhluk spiritual, jadi luangkan waktu selama 10 menit, dan biarkan pikiranmu tenggelam dalam renungan dan istirahat.

Jika pikiranmu melayang-layang, jangan emosi, perlahan kembali ke ayat Alkitab, dan mintalah pada Tuhan untuk memantapkan kata-kata Firman dan ilham itu dalam dirimu.

Saat sebuah pelajaran dari Tuhan selesai kita terima berarti ayat tersebut harus menjadi bagian dari sifat kita, dan untuk ini terjadi kita membutuhkan karya Roh Kudus sambal kita beristirahat.

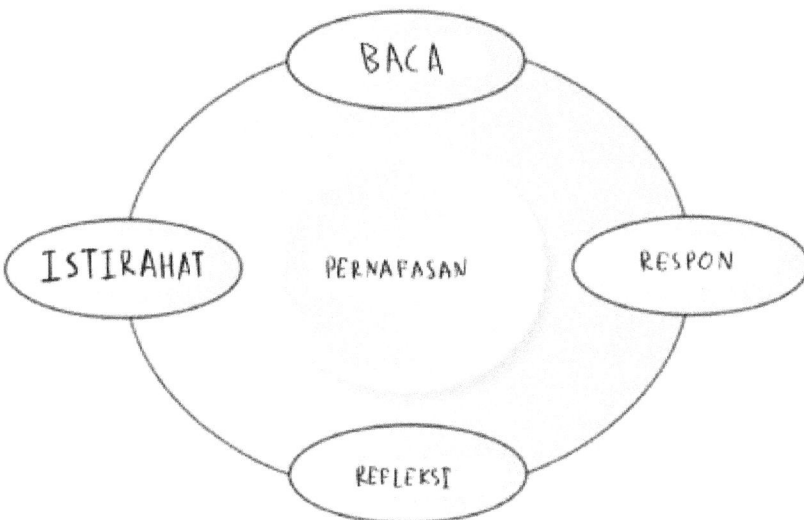

Pendekatan Alternatif terhadap Lectio Divina

Secara historis, Lectio Divina telah dikembangkan dengan pendekatan alternatif dalam praktiknya. Klara dari Assisi mengembangkan metode sendiri yang tampaknya berbeda dengan rekan Katoliknya, Guigo II, yang mengembangkan pendekatan yang lebih kaku.

Klara dari Assisi memiliki metode dengan empat poin yang berbeda dengan yang dianjurkan dalam Lectio Divina umum yang tradisional.

Metodenya dapat dijelaskan sebagai berikut:

"Intueri" – Menatap atau Memandang Salib

Dalam tindakan ini, pengikut Kristus, hanya menatap salib, baik secara eksternal dengan melihat Ikon fisik, atau dengan lebih tajam fokus dari pandangan interior; pandangan perhatian yang terfokus pada salib yang disalibkan Kristus, mengukir luka-luka Yesus di dalam pikiran kita.

· "Considerare" – Mempertimbangkan

Dalam poin ini, seseorang akan mempertimbangkan akibat dari salib, apa implikasi yang tersembunyi baik secara pribadi maupun dalam skala sosial dan manusiawi secara keseluruhan.

· "Contemplari" – Merenungkan

Biarkan pikiran untuk merenung, untuk mempertimbangkan, dan ijinkan pikiran untuk fokus pada realitas saat ini.

Tindakan merenungkan karya Yesus yang sudah selesai; pengikut Yesus dapat membiarkan pikirannya memamah seperti seekor sapi, membiarkan sari manis dari karya yang telah selesai mengisi seluruh dirinya, sambil memahami dan merenungkan pengorbanan yang tercinta ini dan hati Allah mengijinkan hal ini terjadi, apa yang mungkin menjadi motivasi Allah yang seperti itu terhadap kita.

Bagaikan seorang anak, yang terus-menerus memutar kristal yang baru dia temukan, melihat semua sudut yang berbeda dan bertanya dalam keheningan; terkagum keindahan dan pikiran terpikat akan karya Kristus, sampai seluruh pikirannya terpesona dan tidak ada lagi ruang untuk pemikiran lain.

· "Imitare" – Mengimitasi

Bagian yang membuat Klara dari Assisi dikenal adalah keadilan sosial dan pekerjanya bagi orang miskin dan yatim piatu. Beban bagi semua yang menyaksikan pengorbanan, bagi mereka yang memandang Anak Domba, mereka diminta untuk mencontoh, untuk menjadi seperti-Nya.

Alkitab seringkali mengarahkan para murid sejati Kristus, tidak hanya untuk melihat Allah mereka, tetapi juga untuk menjadi seperti-Nya dalam tindakan mereka, membiarkan realitas Allah mereka mempengaruhi dan mengubah cara mereka bertindak.

Kekristenan yang tidak diiringi tindakan berarti tidak didasari iman sama sekali.

Guigo II	Klara dari Assisi
Baca (*lectio*)	Menatap Salib (*intueri*)
Meditasi (*meditatio*)	Mempertimbangkan (*considerare*)
Doa (*oratio*)	Merenungkan (*contemplari*)
Kontemplasi (*contemplatio*)	Mengimitasi (*imitare*)

(Salib Armenia)

CHAPTER 6

VISIO DIVINA:

"penatapan Ilahi"

Visio Divina, seperti namanya "penatapan Ilahi," dapat diartikan sebagai mengenali keIlahian dalam hal yang umum lewat penglihatan mata kita.

PELOPOR VISIO DIVINA

"Kaum buta huruf dapat merenungkan garis-garis sebuah gambar apa yang tidak dapat mereka pelajari melalui kata-kata tertulis.

– Paus Gregorius I

St. Yohanes dari Damaskus lahir pada tahun 676, beliau dikenal sebagai seorang yang serba bisa atas studinya dalam teologi, hukum, filsafat, dan musik. Ia menjadi seorang biarawan di Mar Saba pada tahun 706.

Dia menulis sebuah karya penting yang disebut "Risalah Apologetik menentang mereka yang mencela Gambar-gambar Suci", yang kemudian digunakan pada tahun 787 dalam Konsili Nicaea Kedua untuk menyelesaikan perselisihan tentang ikon-ikon.

Salah satu kutipan terkenal dari traktat ini adalah:

"Betapa bijaksana Hukum itu! Bagaimana mungkin seseorang menggambarkan yang tak terlihat? Bagaimana menggambarkan yang tak terbayangkan? Bagaimana seseorang bisa mengungkapkan yang tak terbatas, yang tak terukur, yang tak terlihat? Bagaimana memberikan bentuk pada keabadian? Bagaimana melukis kekekalan? Bagaimana menyatukan misteri?"

Dia meninggal pada tahun 749 di Mar Saba, Yerusalem, sebuah biara Ortodoks Yunani yang menghadap lembah Kidron.

Paus Gregorius I, yang disebutkan dalam bab sebelumnya, juga adalah pendukung Visio Divina. Dia memiliki pengaruh besar dalam Gereja.

VISIO DIVINA

Secara sensitif, wahai rekan-rekan saya dari berbagai kalangan, memang mudah untuk melihat praktik ini dan menganggapnya sebagai pemujaan berhala, atau berasumsi bahwa praktik pembuatan gambar secara jelas melanggar perintah Allah pada Israel agar tidak membuat gambar Allah.

Asumsi dangkal ini akan menjadi kesalahan yang fatal dan saya akan mendorong Anda untuk menyelami praktik ini lebih dalam lagi. Lagi pula, orang yang kita kecam itu, mereka membaca Alkitab yang sama dengan yang kita baca dan sampai pada kesimpulan yang berbeda.

Visio Divina adalah praktik melihat dan memandangi imej suci sampai imej itu menginspirasi kita kepada doa dan renungan tentang yang Ilahi.

Sambil melihat dengan kewaspadaan pada gambar-gambar tersebut, pencipta imej berdoa agar Allah menerangi dan menyadarkan apresiator karyanya terhadap sakramen suci dari keinginan Ilahi Allah, membarakan semangat rohani di dalam diri dan membangkitkan rasa familiaritas pada orang beriman terhadap realitas yang lebih dalam.

Ketika seseorang memandangi yang suci, seseorang diingatkan: dunia ini bukanlah segalanya, di luar mimpi ini, ada realitas yang jauh lebih dalam dan lebih abadi daripada rutinitas duniawi yang fana.

Seni dan keindahan selalu membawa kualitas mistis ini, membangkitkan bawah sadar menjadi lebih peka untuk mengenali keindahan dalam hal- hal yang biasa. Berapa kali kita mengunjungi galeri seni atau melihat karya-karya para maestro, dan setelah pengalaman itu berakhir, kita bersyukur kepada Allah karena mengijinkan kita hidup pada saat ini.

Tujuan inti dari karya seni kudus adalah niat sang seniman untuk membantu kita melihat pada yang Ilahi, membawa kita ke dalam keheningan dan mencari makna yang lebih dalam dari seni tersebut.

VISIO DIVINA DAN IKON

Sebuah Ikon adalah gambar suci yang digunakan dalam pengabdian agama. Ikon digunakan dalam berbagai gereja sepanjang sejarah untuk menggambarkan kisah Alkitab dan orang-orang dalam Alkitab.

Kata Yunani *eikon* diterjemahkan sebagai "gambar" dalam Alkitab. Ini tidak dianggap sebagai kekeliruan penggunaan kata karena ketika Allah menciptakan manusia menurut rupa-Nya yang Ilahi, Allah tidak mengatakan bahwa Adam adalah sebuah "berhala."

Inkarnasi Kristus, Ikon (gambar) sejati Allah, adalah argumen terbesar untuk memuliakan Ikon, tetapi bukan untuk menyembah objek fisiknya.

Yesus sendiri berkata, **"Barangsiapa telah melihat Aku, ia telah melihat Bapa"** (Yohanes 14:9 – TB)

Ketika manusia jatuh, godaan bagi Hawa adalah "kamu akan menjadi seperti Allah," tetapi Adam maupun Hawa sudah diciptakan menurut gambar dan rupa Allah, sehingga godaan itu berbicara tentang identitas.

Adam kedua, Yesus, datang untuk menebus citra kemanusiaan dengan mengambil rupa manusia, dengan mengizinkan keIlahian menempati citra tersebut. Kemudian Yesus menebus citra seluruh umat manusia, sehingga manusia sekali lagi dapat memikul rupa Allah.

Dalam hal ini, Yesus melampaui Ikon, Yesus menjadi perwujudan Allah, mengambar ulang sifat Allah dalam penciptaan. Penebusan Kristus tidak hanya dari dosa, tetapi juga identitas manusia itu sendiri. Ia akan berkata kepada mereka, **"Aku tidak lagi menyebut kamu hamba, tetapi sahabat"** (Yohanes 15:15), mengembalikan hubungan antara Allah dan manusia ke format adamik yang sesungguhnya.

Sebagai makhluk ciptaan baru, kita dapat mengakses kembali kesamaan dan citra Allah dalam tubuh manusia kita, tubuh yang telah dibangkitkan dapat diakses lagi bagi mereka yang melihat melampaui momen ini.

Apakah ini berarti kita menyembah gambar dan membawa korban pada mereka? Tentu tidak, dan tidak seharusnya ini terjadi. Tujuan dari Ikon adalah menunjuk pada realitas spiritual yang lebih luas, kita tidak dapat menggambarkan Allah yang maha hadir, maha kuasa, dan tak terbatas.

Ketakterbatasan tidak bisa dikurung ruang dan waktu, apa yang dilakukan dalam realitas materi ini hanya menunjuk pada kebenaran yang jauh lebih dalam yang tersembunyi di depan mata. Ikon seharusnya menyatakan kebenaran dalam bentuk simbolis yang bisa dilihat tetapi tidak pernah untuk disembah.

Jika Anda pernah ke gereja, Anda pasti melihat semua gambar, lukisan, imej cerita Alkitab dan mungkin bertanya-tanya apa tujuannya. Beberapa gambar terlihat cukup buruk, seakan dibuat oleh amatir yang mencoba melukis keIlahian.

Faktanya, kebanyakan orang yang masuk ke gereja, melihat ikon-ikon ini sebagai sekadar berhala, sebuah tuduhan yang ditujukan kepada gereja, penuhi dengan berhala dan disembah oleh orang-orang beriman namun mencari kenikmatan fisik di atas kerohanian.

Namun, ini belum menceritakan keseluruhannya karena kita perlu mengingat ketika gereja-gereja ini dibangun, dalam kebanyakan kasus, sebagian besar penduduk tidak bisa membaca atau menulis, satu- satunya akses mereka ke kisah-kisah Alkitabiah adalah melalui lukisan- lukisan yang kita lihat setiap kali masuk ke dalam bangunan gereja ini.

Kita tidak mengutuk slide presentasi saat menjelaskan khotbah dan pengajaran kita karena entah mengapa di zaman teknologi yang sangat maju ini, hal itu dianggap wajar, tetapi begitu kita melukis beberapa gambar di dinding untuk menjelaskan perumpamaan, sekarang kita dianggap menyembah berhala. Bagaimana konsep-konsep ini dapat saling diterima?

Ikon adalah teologi dalam garis dan warna, representasi visual dari teologi, terbatas pada metode komunikasi.

VISIO DIVINA DAN IKONOGRAFI

Definisi Ikonografi adalah gambar visual dan simbol yang digunakan dalam sebuah karya seni atau dalam studi / interpretasi karya tersebut.

Karya seni jenis ini tidak terbuka untuk interpretasi seperti dalam seni modern, Ikonografi mengikuti aturan dan metode yang ketat dalam pembuatannya.

Berikut adalah beberapa aturannya:

Terang dan Gelap

Dalam seni umum, cahaya berperan lebih sebagai unsur dekoratif, namun dalam seni spiritual, cahaya dan kegelapan memiliki makna dan kapasitas spiritual. Allah sebagai pemberi cahaya atau dikelilingi oleh awan gelap dari cahaya yang tak tercipta.

Wajah dan Gerakan/Gestur

Wajah harus mengekspresikan karakter spiritual seseorang, dan ekspresi wajah sering digunakan untuk menciptakan hubungan antar karakter.

Perspektif Terbalik

Terkadang perspektif diubah, membuat Anda merasa bahwa seakan-akan orang tersebut datang untuk bertemu dengan Anda. Hal ini dilakukan untuk menciptakan perasaan bahwa Anda memiliki hubungan spiritual dengan orang dalam ikon tersebut.

Simbolisme

Saat seniman kesulitan untuk mengekspresikan makna spiritual, mereka akan gunakan simbol untuk menyampaikan kebenaran.

Keheningan dan Ketenangan

Hanya ada sedikit Ikon yang menggambarkan orang sedang berbicara, kurangnya "kebisingan" bermaksud untuk memberikan atmosfer spiritual agar membantu apresiator dalam merenungkan imej dan menemukan makna spiritual di dalamnya.

IKONOGRAFI VS SENI RUPA

Kita paham bahwa pada Abad Pertengahan ada banyak seniman berkualitas, dan dalam sepanjang sejarah gereja, Ikonografi merupakan praktik seni "suci" atau "teologi dalam warna" dengan tujuan dan motivasi yang sangat spesifik.

Gereja ingin mengkomunikasikan gagasan-gagasan teologis, oleh karena itu, proses penciptaan seni di gereja memiliki persyaratan dan motivasi tertentu. Seorang imam atau uskup mungkin menghendaki beberapa area gereja untuk refleksi perenungan, maka seni yang mereka pesan haruslah mampu mengkomunikasikan suasana spiritual tertentu, dan di tempat lain mungkin perlu menyampaikan suasana yang berbeda.

Hal yang sama tidak berlaku untuk seniman biasa dan maestro-maestro pada Abad Pertengahan, banyak dari mereka menggabungkan interpretasi mereka sendiri tentang Alkitab. Dalam karya seni mereka, meski menggambarkan adegan Alkitabiah, mengandung makna simbolik dan ide-ide lain yang belum tentu disetujui oleh paham Kekristenan.

Meskipun beberapa seniman ini menciptakan karya-karya indah yang terkadang ada di luar persetujuan gereja, niat dan motivasi di balik seni ini tetap terkomunikasikan ketika kita memandangi karya tersebut. Pastikan untuk memeriksa hati Anda sendiri dan bagaimana gambar- gambar tertentu memengaruhi pemikiran dan ide-ide Anda.

Kita telah menjadi kaum yang terlalu tervisualisasi, berarti sensitivitas kita terhadap imej-imej telah terdegradasi, butuh waktu untuk menguasai kembali pintu mata kita, dalam ayat *Ayub 31:1 (BIMK) "Dengan sumpah aku telah berjanji gadis muda tak akan kupandang dengan berahi."*

Kita perlu memahami bahwa gambar yang diciptakan di gereja, kebanyakan melalui usaha berat memakan banyak jam menerapkan teknik-teknik khusus dan disiplin tinggi dalam pembuatannya, merupakan hasil kerja keras yang penuh kasih, terkadang oleh orang-orang Kristen yang sangat setia, bertujuan untuk membantu kita mencapai suatu titik pengudusan.

Ini mungkin tidak mudah untuk direplikasi dengan hanya melihat gambar digital di laptop atau ponsel dari tempat lain karena sifat gambar tersebut dan tempat penciptaannya.

Ikon-Ikon yang kita temui di banyak gereja juga diciptakan dalam suasana yang penuh penghormatan dan pengaguman yang dipadukan dengan suasana keheningan dan perenungan di sebagian besar gereja Ortodoks demi membantu dalam proses mendengarkan suara Allah.

Sebagian besar imam dan biarawan tidak akan mengganggu seseorang yang menangis atau dengan penuh perhatian memandangi Ikon, bahkan mereka yang mencatat sambil memandangi Ikon dengan tekun dalam upaya menangkap suara Ilahi yang berbicara pada jiwa murid Kristus.

TANDA-TANDA DAN SIMBOL-SIMBOL VISIO DIVINA

Seluruh Alkitab dimaksudkan untuk diinterpretasikan, Kitab Wahyu adalah kitab yang penuh dengan tanda dan simbol, namun kita tidak menetap di sana dan hanya bertumpu pada alegori dan metafora semata.

Kematangan iman Kristiani yang sejati melihat tanda dan simbol demi diingatkan akan kebenaran-kebenaran spiritual yang mereka tunjukkan. Memahami apa arti simbol tersebut, apa yang ritus dan upacara tunjukkan kepada kita, membantu membuat praktik spiritual kita menjadi lebih dalam, menjauhkan kita dari yang biasa-biasa saja.

PRAKTIK VISIO DIVINA

Ikon menunjukan bahwa tidak ada pemisahan antara yang sakral dan yang sekuler, segala sesuatu dalam penciptaan adalah sakramental dan menyuarakan Allah, yang menciptakan segalanya sebagai sarana untuk menyampaikan realitas spiritual. Ada pepatah berkata "seperti di atas, demikianlah di bawah," bumi adalah refleksi samar atas realitas surgawi ketika dilihat dalam cahaya suci pewahyuan, dari perspektif Kristus.

Carilah gereja di mana Anda dapat menghabiskan waktu sambil mempraktekan Visio Divina. Berikut adalah proses yang memungkinkan praktik ini menjadi bagian dari gaya hidup perenungan Anda. Seiring Anda menjadi akrab dengan proses ini, Anda akan semakin bebas untuk menciptakan metode Anda sendiri dalam mengalami Tuhan melalui Visio Divina.

Bersantai

Mohonlah pada Allah agar Ia berbicara dengan Anda dan membantu Anda memahami dengan jelas suara-Nya; biarkan seluruh diri Anda menjadi bagian dari praktik ini, jiwa analitis Anda, jiwa intuitif Anda, dan jiwa emosional Anda.

Menatap dengan Fokus

Tataplah gambar tersebut, biarkan mata Anda beristirahat pada karakter dan objek di dalamnya. Perhatikan emosi Anda dengan seksama saat melihat bagian-bagian dari gambar, dan pahami keseluruhan gambar dengan tatapan Anda.

Membaca atau Mendengarkan

Baca atau dengarkan ayat-ayat Alkitab yang berkaitan dengan gambar tersebut, biarkan wawasan atau gagasan Anda terfokus. Tetaplah menerima dengan hati terbuka untuk Allah berbicara pada Anda dan menunjukkan sesuatu yang pribadi bagi Anda.

Lepaskan ide-ide yang sudah Anda miliki tentang gambar tersebut dan biarkan suasana keheranan dan kekaguman memenuhi hati Anda saat Anda merenungkan Tuhan.

Menatap Ulang dan Membayangkan

Tataplah lagi gambar tersebut; kini bayangkan Anda sebagai bagian dari gambar itu atau sebagai bagian dari adegannya. Apa yang Anda lihat, dengar, rasakan, atau cium? Aktifkan kelima indra Anda sambil membayangkan berada di sana. Apa yang Allah ajak Anda untuk alami atau pahami saat menjadi bagian dari gambar tersebut?

Personalisasi

Mohonlah Roh Kudus untuk membimbing Anda pada proses ini. Bagaimanakah Anda melihat gambar atau adegan tersebut secara berbeda dari sebelumnya? Apakah gambar itu membangkitkan rasa keinginan atau kehausan rohani terhadap Allah? Dan apa respon yang Allah harapkan dari Anda pada saat ini?

Haruskah Anda mengungkapkan sesuatu seperti pengampunan, rasa syukur, pengakuan dosa, atau puji-pujian dan kekaguman atas kebaikan-Nya yang Ilahi? Bagaimana kehadiran suci Allah diwujudkan dalam momen ini secara pribadi bagi Anda?

Pewujudan

Bagaimanakah "Visio Divina" mempengaruhi kehidupan Anda saat ini dan dalam area kehidupan mana saja Anda dapat menghidupi wujud sosok

Kristus pada orang lain? Apa yang dikatakan Yesus secara pribadi kepada Anda di hari ini?

Pengingatan

Apa yang dapat Anda bawa dari pengalaman hari ini dan apa yang ingin Anda ingat sepanjang hari dan minggu?

Tuliskan pemikiran tersebut jika Anda punya ruang dan waktu. Meskipun pemikiran dan ide-ide tersebut terdengar sederhana dan familiar, cobalah untuk menangkap momen dan perasaan tersebut. Jangan menghakimi apa yang Anda tulis, tulislah apa yang Anda rasa ingin Anda ingat atau pikirkan nanti.

Bersyukurlah kepada Allah karena sudah berbicara kepada Anda saat ini, memungkinkan Anda untuk mendengar suara-Nya melalui mata Anda.

Testimoni "Visio Divina" Pribadi Saya

Di awal tahun 2005, dalam suatu perjalanan ke Bulgaria untuk mengunjungi beberapa teman, yang sejujurnya adalah untuk melarikan diri dari kehidupan saya pada saat itu, saya berada pada persimpangan, saya mengundurkan diri dari pekerjaan dan tidak mengetahui langkah selanjutnya yang harus saya ambil.

Teman saya yang tidak terlalu spiritual menunjukkan beberapa gereja dan katedral tua pada saya. Sebagai seorang turis, saya sungguh menikmati nuansa kuno bangunan-bangunan itu dan juga atmosfer spiritual di dalamnya.

Suatu hari, saya ingin pergi ke kota sendirian secara gereja Ortodoks Timur memiliki daya tarik tersendiri yang ingin saya alami sendirian.

Saya duduk perlahan di sudut salah satu biara, memandangi parabel dengan tenang, saya begitu mengenal cerita Alkitabiah itu dengan baik, dan merenungkan parabel tersebut sambil melihat gambar-gambar. Tiba-tiba saya membayangkan betapa banyak orang di kota ini, banyak generasi sebelumnya yang buta huruf, duduk di sini, melihat dinding-dinding ini, mendengar imam menjelaskan Alkitab pada mereka, belajar tentang kebaikan dan kasih Yesus dari dinding-dinding indah ini.

Setelah kembali memeluk Kekristenan sehabis beberapa tahun bimbang dalam Buddhisme, pelatihan saya mengajarkan saya untuk mengamati, mempertanyakan, dan untuk tetap tidak memihak di awal sebelum membuat keputusan.

Masa lalu saya sebagai seorang Protestan mencoba meyakinkan saya untuk menghakimi gereja-gereja ini dan menghakimi orang-orang ini sebagai penyembah berhala semata, yang sujud di depan patung-patung mati dan memuja benda-benda materiil dan relikwi, bukan kepada satu-satunya Allah yang benar, Yesus Kristus.

Saya memiliki pilihan untuk tersinggung dengan ekspresi Kekristenan mereka, namun, pada saat yang sunyi itu, dengan lantunan nyanyian pendeta di latar belakang membacakan doa vespers pagi, saya duduk di sana, menangis, kata-kata kisah-kisah Alkitab menjadi lebih hidup bagi saya daripada semua tahun saya mempelajari Teologi.

Dengan jelas, saya mendengar suara Roh Kudus, *"Nak, saatnya kembali pulang secara lebih dalam, bukan hanya mengetahui akan kebenaran, bukan hanya menyembah Allah yang benar, tetapi benar-benar menjadi pribadi yang mewujudkan kebenaran kepada orang-orang di sekitarmu. Menjadi seorang Kristen dan bertindak seperti Kristus bukanlah hal yang sama, anak-Ku."*

Kata-kata itu menyinggung perasaan saya, gambar-gambar tersebut bagaikan serigala, mengoyak-oyak agama saya, alasan-alasan indah yang sudah saya persiapkan untuk tidak mengasihi orang-orang, dan sejak saat itu, hingga hari ini, setiap kali saya memasuki cabang Kekristenan yang lebih konservatif, saya teringat akan hari itu, hari di mana Yesus menantang saya untuk menjadi "inkarnasi," bukan hanya memberitakan pesan tentang inkarnasi.

Terkadang, kesalahpahaman dan gagasan prematur yang terburu muncul tentang simbol dan tanda dengan keterikatan kita yang berbasis barat membuat kita miskin akan kekayaan Firman Allah dalam bentuk seni. Kita cepat menerima seni nubuatan dan melihat makna di dalamnya, dapatkah kita juga memalingkan pandangan kita pada Ikon-Ikon zaman dulu untuk memengaruhi dan memperkaya pengalaman kita akan Allah? Saya berdoa agar kita dapat mengijinkan Ikon-Ikon tersebut membawa kita lebih dalam lagi kepada Allah.

(Salib St. Mikhael)

KEHENINGAN DAN PENYENDIRIAN

Paus Benediktus XVI: "Keheningan memiliki kemampuan untuk membuka ruang di dalam diri kita, ruang di mana Tuhan dapat tinggal, yang dapat memastikan bahwa Firman- Nya tetap bersama kita, dan cinta kepada-Nya berakar dalam pikiran dan hati kita serta menggerakkan kehidupan kita."

PELOPOR GERAKAN KETENANGAN & PENYENDIRIAN

Evagrius Pontikus adalah salah satu Teolog dan penulis paling berpengaruh tentang keheningan dalam gereja Kristiani, juga salah satu yang termula. Ia lahir pada tahun 345 di Turki dalam keluarga Kristiani.

Ia dididik di Niksar dan menjadi seorang lektor di bawah Basil Agung. Kemudian ia pergi ke Konstantinopel di mana Gregorius sang Teolog menjadikannya seorang diakon. Ia kemudian menjadi arkhidiakon.

Setelah menghadapi beberapa tantangan karakter, Evagrius melakukan perjalanan ke Yerusalem dan menjadi seorang biarawan. Meskipun ia tidak tinggal di sana untuk waktu yang lama, hal itu membawa banyak perubahan dalam hidupnya. Ia kemudian melakukan perjalanan ke Mesir dan menghabiskan sisa hidupnya di Nitria dan Kellia.

Ia adalah seorang yang berpengaruh besar bagi banyak pemimpin gereja dan memiliki banyak murid yang terkenal. Ia menulis banyak karya sastra yang berdampak besar bagi gereja.

Evagrius Pontikus, De Oratione

"Lewat berdoa dengan ketekunan dan berharap atas pertolongan anugerah Ilahi, seorang biarawan dibawa menuju kondisi stabilitas mental (κατάστασις) yang diidentifikasi oleh Evagrius sebagai keadaan kebebasan abadi dari hawa nafsu atau apatheia. Namun, berbeda dengan apa yang mungkin dipikirkan pembaca modern, bagi Evagrius apatheia bukanlah kondisi keserampangan atau ketidak-pedulian, tetapi yang menyulut dalam

akal budi adalah kasih yang mendalam terhadap Allah, yang membawanya melampaui dimensi yang dapat dirasakan dan mencapai persekutuan sempurna dengan-Nya."

Maka kita mengerti bahwa titik yang perlu dicapai untuk mendapat "stabilitas mental" ini, dicapai oleh beberapa orang melalui praktik Keheningan & Penyendirian, di antara banyak praktik yang ia sarankan.

Nilus dari Sinai yang lahir pada akhir abad ke-4, juga merupakan salah satu pendukung awal Keheningan dan Kesendirian.

Ia menjabat di pengadilan Konstantinopel, hanya sedikit yang kita tahu tentang kelahiran atau kehidupan masa kecilnya. Ia adalah pendukung besar St. Yohanes Krisostomus dan mengecam banyak pengkritiknya.

Pada tahun 404, ia membawa anak laki-lakinya, meninggalkan istrinya dan anak laki-laki mereka lainnya untuk bergabung dengan sebuah biara di Gunung Sinai menjadi seorang biarawan. Ia ditahbiskan oleh uskup Palestina, Elusa. Ia bertugas di Gunung Sinai setelah beberapa pengembaraan demi menemukan anaknya yang ditangkap dan dijual sebagai budak akibat serangan terhadap biara oleh kaum Saracen.

Berikut beberapa inti ajaran Keheningan & Penyendirian dari Nilus:

· Berusaha untuk menjadikan pikiran Anda tuli dan bisu saat berdoa; maka Anda akan mampu berdoa seperti yang seharusnya.

· Ketika Anda berdoa sebagaimana seharusnya, mungkin ada pikiran-pikiran yang membuat Anda ingin marah terhadap saudara Anda. Tidak ada kemarahan terhadap seorang saudara yang dapat dibenarkan.

· Jangan berdoa agar segala sesuatu berjalan sesuai keinginan Anda karena tidak selalu akan sesuai dengan kehendak Allah. Lebih baik berdoalah sebagaimana yang telah diajarkan, dengan mengucapkan: "Fiat Voluntas Tua" (Jadilah menurut Kehendak-Mu).

· Berusahalah untuk tidak berdoa melawan seseorang dalam doa Anda agar Anda tidak menghancurkan apa yang telah Anda bangun dengan membuat doa Anda keji (di hadapan Allah).

Meskipun ia mengajarkan banyak hal lain tentang doa, gagasan inti ini seharusnya membantu kita dalam pencarian akan Tuhan dengan menggunakan Keheningan dan Kesendirian sebagai metode kita.

Ada banyak bapa gereja yang menulis tentang kehidupan asketis, memisahkan diri dari lingkungan tempat tinggal, meskipun saya percaya sebagian besar dari kita tidak mampu menjalani kehidupan ini, atau memilih untuk tidak setuju dengan jalan asketis, apa yang berharga dari ajaran ini adalah nilai dan kebutuhan akan tenang dalam kesendirian.

Di dunia yang di mana keheningan dan kesendirian seakan sulit ditemukan, bahkan lebih sulit lagi diinginkan, saya meyakini kita tidak seharusnya menghakimi para bapa gereja yang menjalani kehidupan asketis, tidak menyetujui gaya hidup mereka, tetapi lebih memahami praktik-praktik ini sebagai sesuatu yang tersedia bagi mereka yang mencari keheningan sesaat dalam kehidupan sehari-hari mereka.

Menghargai waktu sendiri adalah sesuatu yang dapat kita kembangkan, bukan hanya waktu yang dihabiskan dalam kesendirian, tetapi waktu bersama Tuhan, waktu tanpa segala hiburan yang begitu kita idamkan. Kehidupan batiniah hanya dapat dibudidayakan di taman Keheningan dan Penyendirian, di mana hati dan pikiran dipenuhi oleh Allah menjadi tempat yang luar biasa untuk perenungan yang membuahkan hasil.

TIRANI KEBISINGAN

Kita hidup di dunia yang bising, kesibukan "bersiap-siap" di pagi hari, hingga "hanya satu episode lagi" di malam hari. Kabupaten dan kota kecil yang dulu kita kenal kini menjadi kota besar dan daerah metropolitan, lahan-lahan besar telah terurbanisasi dengan kecepatan yang belum pernah terjadi sebelumnya dalam sejarah.

Segalanya berubah dan semuanya semakin bising; populasi yang terus bertambah sudah mencapai 8 miliar orang, bumi menjadi tempat yang sangat bising.

Kita semua hidup dalam kebisingan, kita mengisi hidup kita dengan suara, demikianlah bagaimana kita terbiasa mengalami dunia, mulai dari headset Bluetooth hingga sistem hiburan, kita menciptakan kebutuhan sistematis untuk membangun suara dan frekuensi ke dalam hidup kita.

Kita semakin tenggelam dalam lautan kebisingan ini, batin kita perlahan memudar oleh gelombang suara yang membungkus dan melanda kita.

Apa yang harus kita lakukan untuk lepas dari tirani kebisingan ini? Bagaimana kita bisa menciptakan ruang dan keheningan kedepannya?

NILAI KEHENINGAN

Sebagian besar dari kita menikmati kehidupan sibuk dan bising. Kita menikmati suara-suara yang menyelubungi kita dan kenyamanan yang diberikannya karena kita tidak ingin sendirian. Pertanyaannya menjadi lebih penting untuk dijawab: Mengapa keheningan berharga? Mengapa ketiadaan suara begitu penting bagi perkembangan jiwa kita?

Sebenarnya, keheningan adalah keadaan alami manusia. Jika Anda duduk diam di sofa di rumah, keadaan asli Anda adalah keheningan, sebelum ada suara, kebisingan, atau getaran apa pun, keheningan pasti menjadi titik awal ketika terlibat dalam kehidupan manusia.

Ini adalah sifat sejati dari penciptaan, saat Allah berfirman, "Jadilah

...," Dia berbicara dari titik keheningan, Allah menciptakan dari keheningan, tindakan Allah "berbicara" berarti Allah menginisiasi suara dari tempat keberadaan yang benar-benar tenang dan bebas getaran; dapat juga disebut *creatio ex nihilo*, penciptaan dari ketiadaan.

Mengikuti tindakan penciptaan yang Ilahi ini, setiap tindakan seharusnya dimulai dari titik hening, bukan keheningan dari kekacauan atau ketiadaan, namun keheningan batin yang diciptakan oleh seseorang untuk berada di kondisi istirahat penuh, damai, dan tenang, sehingga memungkinkan mengalirnya kreatifitas dan impuls yang berkelanjutan.

Pembudidayaan keheningan, sebagai tindakan kelaparan spiritual. Orang yang hening menyadari bahwa semua jawaban, pikiran, dan ide telah mencapai akhir. Semua kemungkinan ide yang bervariasi telah mencapai kesimpulannya, hanya satu hal yang tersisa dalam tindakan penyerahan yang Ilahi ini, lahirnya keheningan di dalam hati kita.

Keheningan dari kerendahan-hati membangun hati yang mudah diajar, mampu menerima perbaikan dari Allah, bukan sebagai teguran emosional atau intelektual, tetapi sebagai tindakan kasih Allah, berbicara ke dalam hati kita, mendorong eksplorasi dan pertumbuhan.

Ketidakpercayaan kita terhadap kebaikan Allah dan komitmen Allah untuk tetap terlibat secara intim dalam urusan manusia selalu menciptakan ketegangan batin dalam tempat keheningan ini.

Kita menjadi sangat tersinggung dengan sifat Allah yang tak terlihat, tangan-Nya yang tersembunyi di balik panggung kehidupan kita, perlahan-lahan menggerakkan kita untuk bangkit. Ketidakhadiran ini membuat kita bingung berkata-kata, merasa terabaikan, karena keadaan seakan-akan menghancurkan pemahaman kita akan kebaikan Ilahi Namun, praktisi harus belajar bahwa setiap langkah di dalam ketidakhadiran dan pengabaian ini adalah tempat inkubasi yang melampaui indera dan keadaan. Setiap tindakan adalah tindakan pertumbuhan, eksplorasi, bukan dari realitas luar, tetapi kepercayaan batin, datang pada pemahaman bahwa Allah atas surga dan bumi juga adalah Allah pribadi saya.

SENI MENDENGARKAN

Mengapa kita berdiam saat seseorang berbicara? Alasannya sangatlah "mendasar"; kita ingin mendengarkan, fokus pada suara dan frekuensi yang dipancarkan oleh orang tersebut, dan dengan demikian menelaah makna kata-kata mereka dalam komunikasi verbal maupun non-verbal.

Seni mendengarkan bukanlah sekadar obsesi untuk fokus pada suara, atau usaha mendengarkan demi mendengar di tengah keramaian kehidupan, atau mencari makna di dalam suara.

Seni mendengarkan yang sejati lebih condong pada tindakan niat, gerakan lambat bahasa tubuh, perasaan yang timbul dari suara, penyatuan suara dan kemudian mendekripsi maknanya.

Secara tertentu, mereka yang memulai perjalanan ke dalam keheningan menjadi ahli dalam interpretasi, melampaui makna permukaan. Simbolisme, tanda, dan pola pengenalan lainnya kemudian berkembang menjadi percakapan dengan keheningan, di mana harta yang sejati ditemukan, di tengah belokan menuju makna.

Peta makna, petualangan dalam memahami dan menggali yang tersembunyi, menangkap arus bawah suara, dan kemudian membangun kerangka sistematis untuk rahasia spiritual.

Ketika kita berinteraksi dengan keheningan sebagai praktik bertemu dengan yang Ilahi, mendengarkan diungkapkan dalam ketiadaan suara. Kita sebaiknya tidak mendengarkan dengan niat untuk menjawab, atau dengan pikiran membangun makna atau menafsirkan sebelum kalimat Ilahi selesai; ketika tanda titik mengakhiri ucapan Tuhan, hati, pikiran, dan jiwa kita saling berpadu menyadari maknanya. Terkadang, makna ini dibangun dari waktu ke waktu, berdasarkan pengalaman hidup.

Mendengarkan adalah seni karena memerlukan tingkat kesabaran dan keterampilan tertentu, seperti halnya seni yang baik membutuhkan waktu, begitu juga seni ini. Waktu harus berlalu, perlahan-lahan realitas harus berkembang sebelum seni ini bisa dipelajari dan dipraktikkan.

KEHENINGAN SEBAGAI NILAI DALAM KOMUNITAS

Mungkin mengejutkan bagi Anda bahwa tidak semua keheningan diciptakan sama. Saat kita mulai membangun tempat-tempat keheningan dan ketenangan, kita belajar bahwa tidak semua keheningan sehat, dan tidak semua keheningan membuahkan hasil sama dalam hidup kita.

Kita semua tahu tentang keheningan yang tidak nyaman dalam percakapan, atau ketika bertemu orang asing, atau keheningan yang membuat bulu kuduk merinding. Jeda-jeda hening ini dalam kehidupan kita membangun perasaan ketidaknyamanan, dan tidak membawa kita ke tempat refleksi.

Niat dari keheningan sangatlah penting saat membangun sebuah komunitas yang hening, komunitas refleksi yang menghargai keheningan, kita perlu membiarkan keheningan membantu orang-orang menemu kan nilai dari komunitas ini.

Kita tidak bisa menciptakan sistem keheningan yang tertutup, di mana orang luar selalu merasa seperti orang luar, karena keheningan akan mencekik komunitas, percakapan, dan persahabatan.

Keheningan harus dibudidayakan, seperti bunga anggrek yang sensitif, perlahan membiarkan air kasih menyaring ke dalam momen-momen keheningan, serta mendidik, melatih, dan membangun keheningan komunal yang meningkatkan kepekaan dan kesadaran diri.

KESENDIRIAN BUKANLAH KESEPIAN

Mari kita sekarang beralih perhatian ke penyendirian dan pentingnya praktik kesendirian dalam kehidupan kita.

Penyendirian adalah kesepian yang dipilih sendiri, suatu keadaan isolasi, bahkan dapat dianggap sebagai "pemisahan." Tujuan dari kesendirian dan keheningan adalah untuk memperkaya jiwa. Men- ciptakan ruang dalam diri kita untuk mendengar Tuhan, menyadari titik buta yang perlu diatasi dalam hidup kita, dan menemukan ritme spiritual kita kembali. Seperti contoh kehidupan Yesus yang sering meng- asingkan diri dalam kesendirian untuk berkomunikasi dengan Bapa.

Pagi-pagi benar, waktu hari masih gelap, Ia bangun dan pergi ke luar. Ia pergi ke tempat yang sunyi dan berdoa di sana.

Markus 1:35 (TB)

Dan setelah orang banyak itu disuruh-Nya pulang, Yesus naik ke atas bukit untuk berdoa seorang diri. Ketika hari sudah malam, Ia sendirian di situ.

Matius 14:23 (TB)

Kesepian, di sisi lain, didatangkan oleh situasi eksternal atau isolasi internal. Wikipedia menggambarkan kesepian sebagai respons emosional yang tidak menyenangkan terhadap isolasi yang dirasakan.

Banyak di antara generasi kita yang mengalami kesepian pada beberapa titik dalam hidup mereka. Hal ini merupakan kejadian alami saat kita mengalami pasang-surutnya kehidupan. Namun, kesepian bisa menjadi keadaan permanen. Pada saat itu tiba, sangatlah penting untuk mencari bantuan dan menyelesaikan masalah tersebut.

Hidup terkadang bisa terasa kejam, jika Anda merasa terisolasi atau benar-benar sendirian tanpa kemampuan untuk terhubung dengan orang di sekitar Anda, saya ingin mendorong Anda untuk mencari orang yang berkebutuhan di sekitar Anda dan memberi mereka sesuatu, bangunlah kebiasaan memberkati masyarakat pra sejahtera, dan dengan segera, momen kesendirian itu akan menghilang karena sesuatu di dalam diri Anda berubah dan realitas eksternal Anda pun akan turut berubah.

Memilih Penyendirian sebagai sebuah praktik mungkin berat tetapi juga penuh manfaat; namun, tujuan, maksud, dan motivasi haruslah jelas untuk melawan segala pikiran negatif selama waktu yang diambil untuk sesi penyendirian.

KESENDIRIAN DAN PERKEMBANGAN ASKETISME

Sebagian dari gaya hidup Keheningan ini menjadi praktik Asketisme, meskipun praktik ini dilakukan baik dalam Gereja Ortodoks Timur maupun Gereja Katolik, praktik ini dimulai oleh para Bapa Guru, dengan keinginan mereka mendedikasikan diri untuk mencari Tuhan.

Asketisme dapat digambarkan sebagai "disiplin diri yang ketat dan menghindari segala bentuk pemuasan, biasanya untuk alasan keagamaan" sesuai dengan kamus Oxford. Kita akan melihat peran penyendirian dalam praktik ini, meskipun ini untuk tujuan referensi dan untuk memperjelas pentingnya kesendirian.

Gereja mula-mula dianiaya oleh Kekaisaran Romawi. Gereja awal di Suriah dan Armenia kemudian berpindah ke tempat terpencil agar dapat fokus pada perkembangan spiritual mereka. Kesulitan malah mencipta-kan motivasi terbesar untuk justru lebih mengejar hal-hal yang oleh karenanya kita dianiaya. Penganiayaan ini mengobarkan semangat dalam gereja mula-mula untuk berjuang lebih keras demi hubungan dengan Tuhan yang penuh arti.

Beberapa dari mereka menjadi pertapa, mendedikasikan waktu dan tenaga mereka untuk mencari Tuhan dalam isolasi dan kesendirian total.

Meskipun gaya hidup Keheningan dan Penyendirian ini meresap dalam budaya, padang gurun dengan segera menjadi terlalu kecil untuk menyembunyikan jiwa-jiwa mulia para pria dan wanita ini sehingga komunitas-komunitas menjadi tertarik pada mereka dan berkerumun di sekitar mereka untuk mencari bimbingan dan pengajaran spiritual.

Kegilaan tidaklah berguna dalam penggenapan tujuan Ilahi. Ingatlah; tujuan bersendiri adalah untuk menemukan persahabatan dengan Tuhan, berkomunikasi dengan yang Ilahi, dan menciptakan ruang di mana manusia dapat bertemu dengan Tuhan yang secara unik memprioritaskan bukan hanya pribadi Tuhan, tetapi juga menfokuskan waktu dan ruang untuk penjernihan nafsu. Menampung ruang di dunia, di mana bait suci di dalam hati manusia dapat diurus dengan perhatian penuh oleh orang yang sudi menunggu dalam keheningan, berdoa selama berjam-jam, dan memusatkan niat dan keinginan mereka pada satu tujuan yang benar, yaitu sukacita dan hadirat sifat Tuhan sendiri.

KETIKA KEHENINGAN DAN PENYENDIRIAN MENJADI HUKUMAN

Kita semua pernah mendengar frasa "mengkacangi (mengabaikan) seseorang" atau menaruh anak-anak di "pojok anak nakal." Sebagai masyarakat, kita telah menciptakan hukuman seputar keheningan dan kesendirian. Padahal, praktik- praktik ini sebenarnya sangat lembut dan berfokus pada kasih.

Kita menggunakan keheningan kita untuk menghukum orang,

merendahkan kata-kata mereka, dan membangun benteng kebencian yang sunyi. Kesendirian digunakan untuk mengisolasi seseorang, dan melalui tindakan kita, kita "mengasingkan" orang ke dalam kehidupan yang penuh kesendirian.

Ini adalah salah satu metode atau "teknologi spiritual" yang paling menyakitkan yang dapat kita gunakan untuk menjatuhkan teman dan keluarga kita dalam penjara sunyi yang sepi.

Ini bukanlah kondisi hening yang ingin kita hadapi, kesunyian yang hanya menciptakan kehampaan, di mana suara rekan atau anggota keluarga dianggap bisu sehingga menciptakan jarak antara orang-orang. Metode-metode kekerasan pasif ini memperburuk citra keheningan dan membangun ketakutan serta kesepian.

Kita tidak ingin menciptakan ruang di mana keheningan digunakan untuk membangun dinding pemisah dan menjauhkan belas kasih dan kemanusiaan kita dari kata-kata kehidupan yang Kristus sampaikan kepada dunia melalui kehidupan kita.

Pengisolasian tahanan dilakukan dalam berbagai situasi perang demi mendapatkan informasi melalui bentuk penyiksaan ekstrem ini, menciptakan suasana delusi dan halusinasi. Hal yang sama juga terjadi di penjara dalam skala yang lebih kecil, di mana mengisolasi tahanan digunakan sebagai hukuman dalam keadaan tertentu.

Kita tidak sedang saling berperang, kita sedang berkomunitas. Bentuk-bentuk hukuman ini seharusnya dihapuskan dari masyarakat kita dan kita perlu menjadi orang yang dapat berbicara tentang perbedaan yang kita miliki. Kita perlu belajar untuk saling mencintai dan membiarkan indahnya keheningan menjadi "tempat di dalam musik," menjadi jeda yang menenangkan dalam percakapan. Penyendirian harus menjadi sikap yang kita pilih untuk hormati, untuk kebaikan jiwa dan demi memperdalam hubungan kita dengan Tuhan.

Ketika seseorang memilih untuk "menyendiri" atau menyerahkan diri pada proses penyendirian, mereka perlu bersiap untuk perjalanan ini. Persiapan untuk kesendirian kerap kali didasarkan pada pelajaran yang dipelajari oleh generasi sebelumnya, tentang bagaimana menghindari delusi dan membangun kedekatan dengan Tuhan.

Komunitas di sekitar para bapa dan ibu guru mengembangkan cara bersiap tertentu, dengan pepatah, latihan, dan nasihat praktis bagi pertapa atau orang asketis.

Kegilaan tidaklah berguna dalam penggenapan tujuan Ilahi; tujuan dari penyendirian adalah untuk menemukan persahabatan Tuhan.

PRAKTIK KEHENINGAN DAN PENYENDIRIAN

Praktik Keheningan dan Penyendirian adalah perjalanan yang pribadi. Sebuah pilihan untuk menyisihkan waktu untuk mengejar keheningan, mengejar kesendirian. Praktik ini berlawanan dengan arus masyarakat karena kita menyukai kehidupan yang sibuk dan penuh dengan suara.

Duduklah dengan tenang dan dengarkan, pastikan Anda dikelilingi oleh kesunyian - tidak, Anda tak perlu pergi ke tempat jauh; cukup di tempat yang sunyi dan tenang, Anda bisa melakukannya sebelum tidur.

Ketika Anda duduk, dengarkan, jangan hanya mendengar kebisingan kehidupan Anda, dengarkan dengan benar, dan hitunglah jumlah hal yang Anda bisa dengar, suara-suara di sekitar Anda.

Baiklah, sekarang setelah Anda mendaftar kebisingan-kebisingan itu, mari kita ukur durasi keheningan. Ini akan membantu Anda merasa bahwa ada batas waktu yang dihabiskan dan membantu pikiran kita merasa kita tidak menyia-nyiakan waktu. Atur stopwatch di ponsel Anda selama 5 menit dan katakan pada diri sendiri bahwa Anda akan memanjakan diri dengan 5 menit keheningan di hari ini.

Duduk, dengarkan, dan lihat apakah Anda bisa mendengar suara di luar kebisingan, jika Anda bisa mendengar burung, berapa banyak burung, jika Anda bisa mendengar mobil, jenis mobil apa, dan apa yang ada di bawah kebisingan mobil?

Ketika Anda mengupas kebisingan, Anda akan mendengar lapisan-lapisan suara, dan ya, jika Anda bisa mendapatkan headphone peredam suara, Anda dapat pergi melampaui kebisingan, dan mulai mendengarkan. Dengarkanlah saja, saat Anda mendengar kesunyian, nikmatilah sebuah keberadaan yang tanpa suara.

Dan jika Anda benar-benar merasa berani hari ini, cobalah untuk membayangkan kehidupan sebelum kehidupan ada, bagaimana suara ruang sebelum Allah berfirman, "Jadilah...," sebelum suara Ilahi, sebelum "kebisingan" ciptaan. Apakah kesunyian pada saat itu? Pada saat ini, bayangkanlah saja bersama saya, Anda bersama Allah Bapa, dan seperti teman lama, Anda tidak mengucapkan apa pun saat ini.

Anda memberikan pada Tuhan, "sejenak kesunyian" sebelum Dia mengucapkan kata-kata pertama yang pernah diucapkan dalam penciptaan. Anda bisa berada, di tengah kesunyian yang suci ini, saat yang abadi, kekal, tanpa waktu, di mana Kristus telah dikorbankan sebelum penciptaan, pada saat ini, Anda bisa menjadi, setidaknya dalam imajinasi Anda, berbagi momen suci dengan Allah, sebelum semuanya jadi seperti yang kita dengar terjadi.

Sebuah cerita sama banyaknya diceritakan oleh kesunyian seperti oleh ucapan.

Susan Griffin

(Salib Shamrock)

KEPENUHPERHATIANAN

Kepenuhperhatianan adalah keadaan mental yang dicapai dengan memusatkan kepekaan atau kesadaran seseorang pada saat ini; dengan tenang mengakui dan menerima perasaan, pikiran, dan sensasi fisiknya sendiri.

PELOPOR KEPENUHPERHATIANAN

"Semoga kita setia mengamati hidup kita sendiri, cukup rendah hati untuk mengakui segala dosa kita, dan cukup kuat untuk membiarkan Tuhan menyelaraskan kita kembali pada tujuan-tujuan-Nya."

— Holly Sprink

Francisco de Osuna lahir pada tahun 1492 di Osuna, Seville, Spanyol. Dia bergabung masuk militer dan ikut dalam penaklukan Tripoli pada 25 Agustus 1510, namun dia memilih untuk masuk ke dalam kehidupan gereja dan belajar di Universitas Seville, di mana ia berfokus pada bahasa Latin dan Retorika sebagai mata kuliah utamanya.

Setelah berziarah ke Santiago de Compostela dan mengalami pencerahan, ia menyelesaikan studinya pada 1513 saat berumur 21 tahun. Ia lalu menjadi anggota gereja dalam Ordo Fratrum Minorum di provinsi Castile, yang pendirinya adalah St. Fransiskus dari Asisi.

Ia kemudian belajar di Rumah Filsafat di Torrelaguna dari tahun 1514 hingga 1518, di mana ia juga mengucapkan sumpah ordonya. Ia menyelesaikan studinya dalam bidang filsafat dengan fokus pada tiga tema utama saat itu, yaitu Skotisme, Skolastisisme, dan Nominalisme.

Pada 1523, Francisco masuk ke rumah retret Salceda yang berlokasi dekat Guadalajara, yang memungkinkannya berlatih praktek penyendirian, sehingga ia dapat menghabiskan setidaknya beberapa minggu sendirian untuk berdoa dan bermeditasi.

Pada tahun 1537, ia kembali ke Spanyol, di mana ia menulis karya terakhirnya yang berjudul *The Third Spiritual Alphabet* (Abjad Rohani Ketiga). Karya tersebut mulai ditulis di Salceda, selesai di Escalona, dan pertama kali diterbitkan di Toledo pada tahun 1527.

Meskipun tulisannya tidak hanya berfokus pada Meditasi; karyanya sangat mempengaruhi Teresa dari Avila dan memengaruhi pemahaman-nya tentang doa. Francisco mengembangkan *"way of recollection"* (jalan pemusatan perhatian) atau *"the narrow gate"* (gerbang sempit), yang kemudian dijelaskan lebih lanjut oleh Teresa.

Dua konsep utama yang pertama kali difokuskan olehnya adalah doa dan pemusatan perhatian harus dilakukan "tanpa henti"; kehidupan sehari-hari dan pekerjaan tidak boleh terpisah dari waktu fokus berdoa. "Kebiasaan Kudus," fokus yang berkelanjutan, bisa dijelaskan sebagai kesadaran secara terus-menerus, atau hidup dengan kesadaran akan hadirat Tuhan tanpa perlu memisahkan ruang yang suci dan sekuler dalam hidup kita.

Francisco juga berfokus untuk belajar menenangkan jiwa dan kemampuan kita, mendengarkan suara guru yang berbicara "dalam bahasa kesunyian." Salah satu tema utama dalam *The Third Spiritual Alphabet* adalah "kesunyian sebagai obat bagi pikiran yang teralihkan."

Teresa dari Avila membaca karyanya saat masih muda, hal ini sangat mempengaruhi dirinya dan jalur yang diikutinya sepanjang hidupnya. Dalam dikatakan bahwa kita bisa menggambarkan Francisco sebagai figur mentor spiritual. Theresa menulis sebagai berikut:

"Paman saya memberi saya sebuah buku. Buku itu disebut The Third Spiritual Alphabet dan berusaha mengajarkan doa kesunyian. Meskipun selama tahun pertama ini saya membaca banyak buku yang bagus, saya tidak tahu bagaimana cara berdoa atau menjadi khusyuk. Sayapun sangat senang dengan buku ini dan bertekad untuk mengikuti jalan itu dengan sepenuh tenaga saya. Saya mulai meluangkan waktu untuk kesendirian, sering mengaku, dan mengikuti jalan tersebut, menjadikan buku sebagai guruku (Terjemahan Life, hlm67)."

Jon Kabat Zinn lahir pada tahun 1944 di New York. Setelah lulus, ia belajar di MIT dan menyelesaikan gelar Ph.D. dalam biologi molekuler pada tahun 1971. Selama di MIT, ia mulai mengembangkan gagasannya tentang efek meditasi pada psikologi manusia.

Ia belajar di bawah banyak ahli Buddhisme dan Zen dan mengadaptasi teknik-teknik mereka untuk pikiran orang barat dan menghilangkan ide-ide timur dan konsep yang terkait dengan filsafat Buddhisme. Hasilnya adalah kursus 8-minggu berjudul *Mindfulness-Based Stress Reduction* (Penurunan Stres Berbasis Kepenuhperhatianan).

Pada tahun 1991, dia menerbitkan bukunya yang berjudul "Hidup

Malapetaka Total: Menggunakan Kebijaksanaan Tubuh dan Pikiran Anda untuk Menghadapi Stres, Nyeri, dan Penyakit," yang menjelaskan gagasannya tentang meditasi dan petunjuk terperinci mengenai praktiknya, yang dikembangkan di luar agama terorganisir.

Karyanya lebih berpihak pada efek ilmiah dari praktik ini pada pikiran manusia untuk mengatasi stres dan trauma berdasarkan metode ilmiah yang diakui, daripada hanya berharap semata-mata.

Di Amerika Serikat, gerakan ini fokus pada efek terbukti dari metode yang dikembangkan untuk membantu mengatasi kecemasan, depresi, dan penyakit medis lainnya yang dapat diukur dan diuji secara ilmiah.

Orang akan mati ketakutan karena kecemasan berhubung dengan segala apa yang menimpa bumi ini, sebab kuasa- kuasa langit akan goncang.

Lukas 21:26 (TB)

KEPENUHPERHATIANAN

Yang saya hargai dari gerakan Kepenuhperhatianan adalah bahwa mereka telah menghilangkan semua unsur spiritual, mengembangkan teknik-teknik, lalu menguji teknik-teknik ini dalam setting medis, dan menunjukkan hasil yang dapat diulang berdasarkan sistem-sistem ini.

Alkitab menyebutkan kata meditasi sebanyak 20 kali dalam konteks tulisan dan dalam praktik iman kita. Namun, dalam istilah modern, beberapa orang Kristen merasa tidak nyaman dengan label dan pengaruh timur yang diberikan pada praktik ini.

Beberapa kekhawatiran mereka berdasar, itulah mengapa saya hanya menyebutkan dan membahas praktik Kepenuhperhatianan sebagai praktik yang telah diuji secara ilmiah bagi mereka yang membaca buku ini dan menginginkan bukti ilmiah atas perubahan yang lebih substantif.

Kita juga akan meninjau bagaimana Kepenuhperhatianan memiliki tem-pat dalam renungan Kristiani dan bagaimana kita mendekati subjek ini.

Perlu dicatat: Iman kita sebenarnya berasal dari "timur" bukan "barat." Praktik dan perkembangan Yudeo-Kristen selalu berasal dari timur, "Timur Tengah" hanyalah konsep yang kita kembangkan untuk mencip- takan pemisahan antara dua dunia kita. Eropa selalu menjadi bagian dari barat, dan Israel bagian dari timur. Keinginan Kristiani untuk mencari jawaban baru dari timur hanyalah seperti seorang anak yang rindu pulang, mencari beberapa jawaban yang hilang di awal perjalanan.

Dunia modern kita lebih berfokus pada masa depan dan menawarkan berbagai metode pengembangan diri demi perkembangan tujuan, menemukan takdir dan tujuan hidup di dunia ini. Di era yang kehilangan makna, kita berusaha mencari makna ini di masa depan sehingga kurang menghargai masa lalu, dan lebih kurang lagi menghargai saat ini.

Praktik ini berfokus pada saat ini, atau yang disebut "masa kini abadi" oleh beberapa orang. Saya sadar ini sangatlah berlawanan dengan intuisi beberapa orang, tetapi pada kenyataannya, kita hanya memiliki saat ini. Kita perlu belajar hidup dalam tiap momen, masa depan akan terbentuk dari beribu momen yang terbina dalam kerangka dan cara hidup kita.

Kita memiliki lebih banyak peluang untuk mencapai tujuan kita jika kita belajar hidup dengan menghargai setiap momen. Apalah gunanya mencapai tujuan, tetapi kemudian menyadari bahwa kita tidak dapat mengingat perjalanan bagaimana kita sampai di titik kita berada saat ini.

Mekanisme Kepenuhperhatianan akan berfokus pada pernapasan serta hal-hal seperti belajar makan dengan penuh kesadaran, lalu menggunakan kesadaran kita untuk berlatih teknik-teknik tertentu. Menemukan cara menjadi lebih peka terhadap indera kita dapat memba- wa kita menjadi lebih sadar akan realitas di sekitar kita, sehingga menjadikan kita lebih peka akan setiap realitas dari Tuhan dalam hidup.

Seperti dalam setiap perjalanan hidup, Kepenuhperhatianan memberikan beberapa rintangan yang harus kita hadapi. Belajar untuk hidup dan menghargai tubuh kita serta mendengarkan tubuh kita mungkin akan tidak nyaman pada awalnya.

Kita juga akan belajar untuk memperhatikan kebiasaan berjalan dan postur tubuh kita, beberapa kebiasaan kita ini mungkin kurang sehat, sehingga adanya perubahan adalah hasil yang diperlukan.

Cara kita berbicara dan kata-kata yang kita gunakan akan menjadi bagian dari perjalanan perubahan ini.

Seiring kita semakin sadar akan kebiasaan, pola, dan cara hidup kita, proses perubahan akan membawa kita menuju penemuan-penemuan yang luar biasa tentang diri kita sendiri

Hasrat untuk berubah dapat menyebabkan pergeseran besar dalam bahasa tubuh kita, rasa percaya diri, dan perubahan total dalam cara kita menjalani hidup, orang-orang yang kita tarik, dan kualitas hidup secara menyeluruh.

Menemukan keindahan dan kualitas istimewa dari penciptaan kita adalah proses istimewa yang membantu kita hidup dengan rasa syukur, mengubah sikap kita terhadap kehidupan, dan segala hal lainnya.

KEPENUHPERHATIANAN DALAM KEKRISTENAN

Mengapakah kita perlu mengeksplorasi praktik ini, jika memang berasal dari timur dan jelas-jelas didasarkan pada kepercayaan lain.

Fakta tetap bahwa teknik Kepenuhperhatianan adalah milik umat manusia, bukan hanya kelompok kepercayaan tertentu.

Kami memahami bahwa praktik ini diperkenalkan kembali ke barat melalui gerakan Kepenuhperhatianan, namun praktik yang sama ini juga digunakan oleh para bapa dan ibu gurun di Mesir dan Suriah.

Ada juga akar yang kurang dikenal dalam tradisi Keltik yang disebut *rinnfheitheamh*, yang dapat diterjemahkan sebagai 'tepi penungguan' atau 'menunggu di tepi.'

Pada tahun 1975, John Main mulai memperkenalkan kembali gagasan "Meditasi Kristiani" dan membantu orang Kristen mengakses jalan doa kuno ini melalui Kristus.

Meskipun masa lalunya penuh warna, John mengabdikan hidupnya demi ordo Benediktin, dan setelah banyak penolakan terhadap usahanya mendirikan pusat meditasi di Ealing Abbey di Inggris, ia dan Laurence Freeman, pergi untuk mendirikan biara Benediktin di Montreal, Quebec, yang difokuskan pada meditasi dan kepenuhperhatianan.

John sangat terinspirasi oleh Thomas Merton dan komunitas yang berhasil ia dirikan di *Abbey of Our Lady of Gethsemani*, di Kentucky, AS, berdasarkan kontemplasi dan meditasi.

Tempat ini menginspirasi John untuk memulai komunitasnya sendiri yang berkembang menjadi komunitas monastik di Montreal, Kanada.

John meninggal pada tahun 1982, lalu mitra dan temannya, Laurence

Freeman, lanjut mendirikan pusat meditasi di seluruh dunia yang seka-rang disebut "Komunitas Dunia untuk Meditasi Kristiani," mengadakan pertemuan dan mengajarkan praktik berdasarkan ajaran John Main.

Kepenuhperhatianan dalam Kekristenan adalah sebuah praktik yang se-suai dengan gaya hidup perenungan, dan ketika seseorang terlibat dalam

praktik Kepenuhperhatianan dengan tujuan mencapai hubungan yang lebih dalam dan berarti dengan Tuhan, praktik ini dapat memberikan perubahan dalam bidang kehidupan yang dimana kebanyakan orang akan menghargai bantuan sesedikit apapun!

Kepenuhperhatianan adalah tindakan mengamati saat ini, erat kaitannya dengan kehidupan Kristiani, dengan rasa syukur dan penghargaan terhadap proses praktik tersebut. Kepenuhperhatianan dapat membantu menunjukkan kemajuan dalam praktik perenungan.

PRAKTIK PIKIRAN

Inti dari Kepenuhperhatianan berarti seseorang perlu mulai mengamati pikiran, memahami cara kerja pikiran secara psikologis, dan memahami pola-pola fisiologis dari pikiran.

Praktik Kepenuhperhatianan dalam perenungan, duduk tenang, membiarkan keheningan meresap ke dalam diri, tidak mencoba berpikir tentang apa pun, tetapi membiarkan tempat tenang ini meresapi saat ini.

Hal ini kemudian berlanjut menjadi praktik membiarkan semua pikiran yang berasal dari alam bawah sadar muncul ke dalam kesadaran, di mana pikiran tersebut diakui keberadaannya, tetapi tidak bertahan dalam realitanya, namun dibiarkan pergi, seperti burung kecil bertengger di pohon-pohon gagasan, yang lalu diizinkan untuk terbang lebih jauh.

Kepenuhperhatianan adalah praktik untuk berurusan dengan pikiran dan gagasan dari pikiran, atau dengan kata lain, "menjadi sadar" tentang apa yang ada dalam pikiran kita.

Ketika seseorang mengamati pikiran dan gagasan, tantangannya adalah untuk tidak menilai pikiran atau gagasan tersebut, tidak melekatkan makna atau pengembangan apapun pada pikiran tersebut, melainkan hanya membiarkan pikiran tersebut mengalir pergi, seperti air sungai.

KESALAHPAHAMAN TENTANG MEDITASI

Karena Kepenuhperhatianan terkait dengan meditasi, kita perlu mengulas pengertian yang salah tentang meditasi agar tidak terjebak; berpikir bahwa kita tidak bisa melakukan meditasi atau Kepenuhperhatianan.

Banyak orang dari gerakan Protestan tidak setuju pada pemahaman yang membiarkan pikiran menjadi kosong karena adanya ketakutan yang tak mendasar bahwa setan dapat masuk dan tinggal dalam kekosongan itu.

Maka muncullah pertanyaan: "Di mana 'ruang terbuka' ini yang dapat dihuni setan ketika Allah telah mengisi Anda dengan Roh Kudus dan menyelubungi seluruh jiwa Anda dengan cahaya Ilahi-Nya saat Anda menjadi seorang Kristen atau berpindah menganut Kristiani?"

Kita harus percaya bahwa cahaya Ilahi Allah yang telah masuk ke dalam hati dan pikiran orang percaya setelah berpindah keyakinan dari sistem kepercayaan apa pun ke dalam Kekristenan, telah menetap di dalam hatinya dan sehingga makhluk atau entitas lain tidak dapat lagi masuk kecuali melalui pilihan dan kehendak bebas dari orang percaya tersebut.

Sebagai pengikut Yesus Kristus, kita tahu bahwa cahaya Allah lebih kuat dari kegelapan dunia ini, beberapa orang mungkin berpendapat bahwa kegelapan masih bisa bertahan, dan itu mungkin benar. Namun, penindasan dan kerasukan setan bukanlah hal yang sama, keduanya memerlukan semacam kerjasama dan persetujuan sukarela dari orang itu.

Proses perenungan yang penuh perhatian ini tepatlah seperti itu, menghilangkan semua serpih kemanusiaan dan mengungkapkan segala pikiran, gagasan, dan motivasi yang tidak benar, serta kebohongan yang selama bertahun-tahun kita katakan kepada diri kita sendiri.

Ketika kita berbicara tentang pelepasan dalam gereja, baik Katolik maupun Protestan, cara berpikir orang Kristen lebih banyak dipengaruhi oleh media daripada Alkitab atau ajaran gereja yang sejati. Kita tidak boleh lagi percaya bahwa orang Kristen dapat terinfeksi oleh pandemi kejahatan ini seakan-akan mereka sekarang menjadi tempat bermain bagi si jahat. Apa gunanya menjadi Kristen jika orang Kristen tersebut tetap berada di bawah kekuasaan dari apa yang telah ditinggalkannya?

Kita telah menjadikan alam iblis dan atmosfer jahat ini begitu berkuasa dalam realita kita, sampai-sampai hati dan pikiran kita lupa bahwa banyak hal yang sedang kita khawatirkan, ketakutan yang kita yakini, semua itu didasari oleh tipuan si jahat yang meyakinkan kita bahwa kita sedang menyembah Allah, yang entah bagaimana tidak sehebat sosok Allah yang tertulis dalam Alkitab.

Beberapa orang Kristen percaya bahwa saat seseorang masuk ke dalam Kekristenan, seorang malaikat ditugaskan oleh Allah untuk menjaga dan menuntun orang tersebut dalam perjalanan pendewasaan rohani. Malaikat tersebut tidak membeda-bedakankan antara Katolik maupun Protestan, malaikat Allah melihat kerinduan akan Yesus dalam hati manusia, melihat pilihan untuk menjadi pengikut Yesus dan kemudian diizinkan untuk menjaga pilihan itu, hingga orang tersebut berpulang, atau memilih jalan lain yang bukan Kristus Yesus dan penyaliban-Nya.

Tidak ada figur ayah yang baik di dunia ini yang menyambut anaknya ke dalam rumahnya tanpa menugaskan pembantu dan pekerja, untuk membawa anak tersebut ke titik kedewasaan. Namun entah mengapa, kita meyakini bahwa Allah di surga, Bapa yang Maha Terang, adalah figur Bapa yang lalai dalam melindungi mereka yang menyerahkan hati mereka ke dalam tangan-Nya.

KEPENUHPERHATIANAN DAN KESEPENUHHATIAN

Sejak zaman pertengahan, manusia selalu memandang otak sebagai "pusat kapasitas berpikir" kita. Ide ini telah ditantang oleh banyak penemuan baru dalam bidang kedokteran yang meneliti semua sistem pemikiran dan kognitif dalam tubuh.

Meskipun ini bukan buku ilmiah, dan kita tidak sedang mengeksplorasi ranah neurologi, penemuan terkini tentang hubungan antara pikiran dan hati semakin jelas seiring perkembangan ilmu pengetahuan kita dengan metode pengujian yang lebih baik.

Sebab seperti orang yang membuat perhitungan dalam dirinya sendiri demikianlah ia. "Silakan makan dan minum," katanya kepadamu, tetapi ia tidak tulus hati terhadapmu.

Amsal 23:7 (TB)

Ayat ini dengan jelas menyatakan adanya aktivitas kognitif yang terjadi di dalam hati, maka timbul pertanyaan: "Apa yang dimaksud dengan perhatian penuh, saat kita mengulas gagasan bahwa hati juga berpikir?"

Kitab suci dengan jelas mengatakan kepada kita: "Jagalah hatimu", "karena dari situlah terpancar ...".

Oleh karena itu, perenungan Kepenuhperhatianan juga dapat diungkap sebagai "Kepenuhhatian," atau menyadari apa yang terjadi di dalam hati kita. Ketika kita merenung dan pemikiran kita mulai terbentuk, apa yang pikiran kita sampaikan bukan hanya kesibukan intelektualitas kita, melainkan peredaman pikiran itu sendiri dan juga memunculkan perasaan-perasaan yang tersembunyi di dalam hati kita.

Anda akan melihat ini saat mengikuti kursus Kepenuhperhatianan, atau menghadiri beberapa kelas meditasi, banyak orang akan mengalami tanggapan emosional dan pemicu emosional mereka mulai aktif. Hal ini terjadi karena ketenangan dan kedamaian yang memasuki pikiran kini telah mencapai lebih dalam hingga ke tingkat bawah sadar.

Pengalaman hati dan pikiran dapat membawa kita pada pemahaman yang lebih dalam tentang diri kita sehingga seluruh diri kita mulai selaras dengan realitas diri. Ketika hati dan pemikiran dari hati dieksplorasi, keselarasan pikiran hati dan pikiran di kepala mulai menciptakan sinergi jiwa, yang kemudian membangun dan mengangkat dimensi jiwa manusia yang baru dan lebih tinggi.

Proses berpikir dari hati seringkali lebih kompleks, seseorang perlu memberi ruang bagi perasaan untuk muncul, memungkinkan perasaan tentang sesuatu untuk memberi arahan lebih lanjut atas pemikiran hati.

Bagaimana dengan "firasat" itu, atau kemampuan untuk secara intuitif membuat keputusan berdasarkan hanya pada momen ketenangan yang dirasakan dalam tiap situasi.

Penelitian mengenai hubungan "hati (*heart* jantung)-otak" ini disebut sebagai axis mikrobiom-(*gut* pencernaan)-otak. Intuisi dan pemikiran dianggap berada disekitar area yang dekat dengan perut, dan terkait dengan bagaimana otak terhubung dengan usus, dan menurut pemikiran saya, fungsi ginjal dan hati (*liver*) juga.

Aku, TUHAN, yang menyelidiki hati, yang menguji batin, untuk memberi balasan kepada setiap orang setimpal dengan tingkah langkahnya, setimpal dengan hasil perbuatannya.

Yeremia 17:10 (TB)

Dalam ayat ini, kata "batin" adalah sebuah terjemahan, namun dalam bahasa aslinya kata ini berarti ginjal, sehingga sebenarnya seluruh tubuh kita berperan dalam kesadaran dan persepsi kita terhadap dunia. Chapter ini tidak ditulis untuk menjelaskan bagaimana tubuh manusia menciptakan kesadaran dan persepsi, tetapi ketika kita mulai melihat cara kesadaran bekerja, kita perlu mengerti bahwa sebagian dari pemikiran tersebut tidak hanya terjadi di dalam pikiran, tetapi seluruh tubuh ikut berpartisipasi dalam praktik ini.

Perlu digarisbawahi bahwa ketika kita memulai perjalanan perenungan, diperlukan tubuh yang sehat, bukan hanya untuk konsentrasi dan fokus, tetapi juga untuk kejernihan. Jika tubuh tertekan atau ada masalah medis, kita perlu menyadari bahwa praktik perhatian penuh ini bukanlah sistem sirkuit-tertutup.

BEBERAPA PENGAJAR TELAH MENGACU INI SEBAGAI EQ (EMOTIONAL QUOTIENT)

atau Kecerdasan Emosional, lebih kompleks untuk dijelaskan namun cukup untuk dikatakan bahwa kompleksitas emosi dan perasaan yang terkait dengan perkembangan spiritual memerlukan perhatian lebih, dan kita perlu mulai melihat perkembangan perenungan yang penuh dengan perhatian dalam konteks perenungan yang penuh hati (perasaan).

Kepenuhperhatianan membuat kita melihat pikiran, tubuh, dan lingkungan dengan keterbukaan untuk memahami di mana kita berada secara rohani. Pemahaman ini membawa perbaikan pada area yang perlu diperhatikan, sehingga lingkungan jiwa yang sehat bisa dikembangkan.

Jiwa yang sehat adalah tempat yang baik bagi Firman Tuhan untuk menetap, untuk mengalami hubungan dengan Tuhan agar mengubah dan membawa kita ke tempat di mana kita dapat membangun relasi dengan-Nya dalam kesucian, bukan melalui keraguan atau persepsi kita sendiri.

Kepenuhperhatianan sebagai praktik adalah sarana untuk mencapai tujuan dalam gaya hidup perenungan Kristiani. Tujuannya adalah hubungan kita dengan Allah dan pengalaman kasih-Nya bagi kita.

PRAKTIK KEPENUHPERHATIANAN

Praktik untuk menjadi penuh perhatian ini oleh beberapa orang dapat dipandang sebagai praktik yang secara terus-menerus sengaja hadir dan sadar sepanjang hari. Kemungkinan pendapat tersebut benar. Namun, kami akan melihat praktik Kepenuhperhatianan yang disederhanakan.

- Duduklah dalam posisi nyaman – Tutup mata Anda dan cobalah untuk terhubung pada sensasi tubuh Anda yang duduk berdiam.

- Ambilah tiga napas yang panjang, dalam, dan penuh pemulihan – Tariklah napas dari hidung dan keluarkan melalui mulut.

- Tanyakan pada dirimu sendiri:

  o Apakah intensi saya hari ini?

  o Bagaimana saya bisa memberikan dampak terbaik hari ini?

  o Kualitas pemikiran seperti apa yang ingin saya kembangkan?

  o Bagaimana saya dapat lebih memperhatikan diri saya?

  o Dalam situasi-situasi sulit, bagaimanakah saya dapat lebih mengasihi orang-orang lain dan diri saya sendiri?

  o Bagaimanakah saya dapat merasa lebih terpenuhi?

- Tentukan intensimu secara jelas untuk satu hari kedepan:

  o Contohnya, "Hari ini, saya akan ...."
  Periksa kembali diri anda sepanjang hari.

- Ambil jeda, Tarik napas, dan tinjau kembali niatan Anda.

- Kesengajaan akan mengubah kualitas komunikasi, hubungan, dan emosi Anda.

Refleksi selalu menjadi cara yang ampuh untuk mengakhiri setiap praktik perenungan, dan dengan Kepenuhperhatianan, sangatlah penting untuk menyertakan refleksi sebagai bagian dari kesimpulan praktik Anda. Anda tak hanya akan dapat mengukur kemajuan dari praktik tersebut, tetapi juga kemajuan Anda sepanjang hari.

(Salib Jepang)

KETERLEPASAN

Keadaan di mana seseorang mengatasi keterikatan emosional mereka atau keinginan untuk hal-hal, orang-orang atau keprihatinan duniawi sehingga mencapai perspektif yang lebih tinggi. (Wiki)

PELOPOR KETERLEPASAN

"Tetapi jika semua gambaran terlepas dari jiwa, dan ia merenungkan hanya Sang Sederhana, maka ketelanjangan jiwa akan menemukan keberadaan tanpa bentuk dari kesatuan Ilahi, yang di sana merupakan keberadaan di atas keberadaan, menerima dan bertopang pada dirinya sendiri. Ah, keajaiban dari keajaiban betapa mulianya penerimaan itu, ketika keberadaan jiwa hanya bisa menerima kegamblangan kesatuan Allah!" (Diperbaharui dalam Rohmu)

Meister Eckhart

Ketika membahas tentang Keterlepasan, budaya Barat lebih cenderung mengaitkannya dengan kepercayaan dan ajaran lain di luar Kekristenan.

Dua pelopor utama dalam iman Kristiani untuk mempertimbangkan Keterlepasan adalah Yohanes Klimakus dan Meister Eckhart.

Lahir pada tahun 579 di Suriah, seperti yang dijelaskan sebelumnya dalam buku ini, Yohanes Klimakus adalah seorang bapa guru yang menulis buku berjudul "Tangga Pendakian Ilahi," di mana sebagian besar gagasannya tentang Keterlepasan dipaparkan.

Saat melihat pada kehidupan beliau dan merenungkan pemikirannya tentang keterlepasan berdasarkan gaya hidup monastik dan asketisnya, kita dapat berasumsi bahwa pilihannya untuk hidup dalam isolasi memungkinkannya menolak semua kepedulian dan kekhawatiran duniawi, dan dari sana berkembang menjadi gaya hidup Keterlepasan.

Meister Eckhart lahir pada abad ke-12, juga menulis tentang keterlepasan, dan dapat disebut sebagai bapak modern aliran keterlepasan Kristiani Barat. Ia menulis tentang Allah dalam istilah "ketiadaan." Banyak akademisi berasumsi bahwa ia telah melampaui konsep teistik- nya tentang doktrin pribadi dan Tritunggal; namun, ini tidaklah benar.

Apa yang kurang dari para akademisi tersebut adalah pemahaman tentang sejauh mana pengaruh filsuf Yahudi, Maimonides, memengaruhi pemikiran Meister Eckhart tentang ketiadaan.

Pemahaman tentang konsep ini harus diuraikan sebagai "ketidak"– "ada"–"an"; dapat dianggap sebagai lebih mengutamakan sifat ketidak-materialan dari Ilahi, sehingga lebih terfokus pada sifat "spiritual" Tuhan, alih-alih meninggalkan Kristiani ataupun teologi Tritunggal.

Meister Eckhart memahami peranan akal dan kemampuannya untuk menipu bahkan sebelum bidang fisika kuantum menemukan pengaruh sang pengamat dalam percobaan celah ganda. Meister Eckhart mema-hami masalah metafisik yang sedang dihadapinya, tindakan mengamati Tuhan, memengaruhi Tuhan, pengamat menjadi pusat fokus masalah.

Jawaban bagi Meister Eckhart terletak pada keterlepasan, atau "menjadi miskin dan kosong." Dia menyelesaikan masalah ego dengan menulis dalam surat-suratnya tentang perlunya mengosongkan diri. Dia menyadari bahwa keberhalaan dari kesalahpahaman pribadinya tentang Tuhan telah menjadi hambatan terbesarnya, solusinya adalah "terobosan" untuk terlahir kembali dalam Kristus sebagai bagian dari keluarga Ilahi, dapat diartikan sebagai menjadi bagian dari Tritunggal, dan mampu melampaui batasan pemisahan dan pengamatan manusia.

Menjadi bagian dari keluarga Ilahi menyelesaikan krisis yang dialami oleh penonton dan menghilangkan nihilisme dari perhitungan, dengan kekosongan tetap menjadi anugerah Ilahi yang memungkinkan jiwa manusia untuk memahami ketiadaan dengan kurangannya materialitas.

KETERLEPASAN

Keterlepasan bukanlah sekadar praktik, tetapi lebih menyerupai suatu titik eksistensi, suatu keberadaan. Seseorang perlu mengetahui bahwa titik ini ada agar dapat muncul dalam kehidupan kita.

Pandangan tradisional tentang keterlepasan berbicara tentang hubungan antar sesama. Biasanya digunakan dalam konteks hubungan manusia dengan dunia dan orang-orang di dalamnya. Dalam konteks pemahaman Kristiani, keterlepasan tidak banyak berkaitan dengan relasionalitas, melainkan dalam konteks fisik, atau materialitas.

Keterlepasan ini dapat dijelaskan dengan cara yang alkitabiah; mari kita lihat pada kedua ayat berikut.

Sekiranya kamu dari dunia, tentulah dunia mengasihi kamu sebagai miliknya. Tetapi karena kamu bukan dari dunia, melainkan Aku telah memilih kamu dari dunia, sebab itulah dunia membenci kamu.

Yohanes 15:19 (TB)

Saudara-saudaraku yang kekasih, aku menasihati kamu, supaya sebagai pendatang dan perantau, kamu menjauhkan diri dari keinginan-keinginan daging yang berjuang melawan jiwa.

1 Petrus 2:11 (TB)

Ketika melihat teks Alkitab, kita memahami bahwa ini bukanlah cara gnostik untuk mengurangi nilai atas dunia; kita ada di sini untuk membuat perbedaan, bukan untuk membiarkan emosi dan hati kita melekat pada daya tarik duniawi.

Cara lain menggambarkan keterlepasan adalah cara Ignasian atas ketidak-pedulian, seperti yang ia sarankan dengan konsep "memanfaatkan hal-hal yang membantu kita mendekatkan diri kepada Tuhan dan meninggalkan hal-hal yang tidak."

Janganlah kamu mengasihi dunia dan apa yang ada di dalamnya. Jikalau orang mengasihi dunia, maka kasih akan Bapa tidak ada di dalam orang itu. Sebab semua yang ada di dalam dunia, yaitu keinginan daging dan keinginan mata serta keangkuhan hidup, bukanlah berasal dari Bapa, melainkan dari dunia. Dan dunia ini sedang lenyap dengan keinginannya, tetapi orang yang melakukan kehendak Allah tetap hidup selama-lamanya.

1 Yohanes 2:15-17 (TB)

Kita menyadari bahwa hubungan ini dengan dunia tempat kita tinggal adalah hubungan yang rentan, kita mencintai orang-orang di bumi ini, kita berusaha melayani mereka, tetapi kita tidak saling tergantung pada dunia, kita tidak meraih nilai atau penghiburan kita dari bumi ini, rumah dan hati kita berada di tempat lain.

Ketika kasih sayang kita ditempa dalam api ketakutan akan Tuhan, harapan dan impian kita berubah, seluruh arah kasih sayang kita beralih menjadi hubungan dengan yang Ilahi, dan kemudian memanifestasikan hubungan ini kepada mereka yang berada di sekitar kita.

Titik sentrifugal keberadaan kita bukan hanya pasang surut kehidupan dan kasih sayang dari sekeliling kita, tetapi kenyataan bahwa kita berakar dalam Allah.

"Jangan kamu menyangka, bahwa Aku datang untuk membawa damai di atas bumi; Aku datang bukan untuk membawa damai, melainkan pedang. Sebab Aku datang untuk memisahkan orang dari ayahnya, anak perempuan dari ibunya, menantu perempuan dari ibu mertuanya, dan musuh orang ialah orang-orang seisi rumahnya.

Barangsiapa mengasihi bapa atau ibunya lebih dari pada-Ku, ia tidak layak bagi-Ku; dan barangsiapa mengasihi anaknya laki-laki atau perempuan lebih dari pada-Ku, ia tidak layak bagi-Ku.

Barangsiapa tidak memikul salibnya dan mengikut Aku, ia tidak layak bagi-Ku. Barangsiapa mempertahankan nyawanya, ia akan kehilangan nyawanya, dan barangsiapa kehilangan nyawanya karena Aku, ia akan memperolehnya.

Matius 10:34-39 (TB)

Mungkin ini menjadi beberapa alasan untuk hidup dalam komunitas monastik, namun, saya percaya makna sejati di balik ayat ini terletak dalam jalan tersembunyi dari keterlepasan.

Seseorang bisa jauh secara geografis dari orang-orang yang dicintainya, teman-teman, dan semua kepemilikannya, tetapi hati dan pikirannya bisa dipenuhi oleh mereka, setiap jam dari setiap hari.

Yohanes mengajukan pertanyaan ini dalam karyanya, Anda mungkin menyangkal segalanya, tetapi apakah Anda dalam pengasingan, apakah Anda seorang asing di dunia ini?

Pertanyaan sebenarnya yang kita ajukan kepada diri kita saat kita mengejar gaya hidup keterlepasan akan berkaitan dengan keterikatan kita pada dunia tentang kenikmatan dan preferensi kita sendiri. Dalam kata lain; "apakah kecenderungan gaya hidup kita terdorong oleh rasa sakit dan kenikmatan jasmani yang didasarkan pada kebutuhan, kesukaan, dan ketidaksukaan jiwa dan tubuh?"

Karena kita telah menerima jiwa yang baru, maka gagasan kita tentang apa yang dapat diterima dan apa yang tidak, seharusnya kini diukur oleh firman Ilahi Tuhan, dan persekutuan para kudus dalam gereja, bukan oleh "indra pengecap" kita sendiri.

Alkitab dengan jelas mengatakan, "Kecaplah dan lihatlah, betapa baiknya TUHAN itu!" Proses mencicipi dan melihat ini, adalah suatu proses yang diilhami oleh Roh Kudus untuk mengatur ulang dan mengkalibrasi rasa kenikmatan dan persepsi kita.

PRAKTIK KETERLEPASAN

Keadaan menjadi objektif atau menjaga jarak. Praktik keterlepasan membantu kita mengembangkan kemampuan untuk melihat situasi atau keadaan dengan sudut pandang yang kurang subjektif, eksistensial, dan lebih objektif, tidak berdasarkan sudut pandang personal.

Ide ini berasal dari agama-agama dan sistem pemikiran dari Timur, namun, konsep ini dalam Kekristenan diterjemahkan dari Gereja Ortodoks Timur, sebagai "kewaspadaan," dalam Filokalia.

Tujuannya adalah untuk mengembangkan ketenangan batin dan keadaan santai yang menahan nafsu jiwa. Hal ini diterjemahkan dari kata Yunani *apatheia*, yang kemudian berubah menjadi kata bahasa Inggris *indifference* yang dapat berarti pandangan stoik terhadap hidup, suatu kualitas yang ditunjukkan oleh seorang yang bijak atau guru spiritual.

Semua ide ini terekspresikan dalam spiritualitas Ignasian dan gagasan-gagasan Meister Eckard dalam Kekristenan.

Keterlepasan yang dipraktikkan mendatangkan pemahaman bahwa Tuhan berbicara melalui banyak cara:

- Metafora (perumpamaan, kiasan)

- Ucapan gelap (teka-teki)

- Keberuntungan (kebetulan, hal tak terduga)

- Epifani (penerangan, pencerahan)

- Teofani (penampakan, perwujudan)

Saat kita melihat berbagai metode interaksi Ilahi dengan umat manusia diatas, kita menjadi paham bahwa cara interaksi sangatlah berdasar pada tiap individu secara tertentu.

Kita mengerti bahwa Tuhan berbicara kepada kita berdasarkan bagaimana kita memahami realitas, bagaimana kita memahami diri dan konteks kita.

Bahasa Ilahi beradaptasi berdasarkan orang yang diajak bicara; kita akan sering kali menyadari sesuatu dan mengerti bahwa Tuhan sedang mengatakan sesuatu kepada kita karena kita memahami bahwa ada makna yang terkait dengan tindakan orang-orang dan situasi tersebut.

Keterlepasan adalah proses kita mematangan diri, kita tidak mele- katkan makna pada segala hal. Saat kita mendengar atau bermimpi tentang hal-hal aneh, kita tidak melekatkan makna kita sendiri, kita membiarkan situasi yang berbicara, kita membiarkan atmosfer bebas bekerja dan berwujud, kita membiarkan Tuhan berbicara kepada kita.

Salah satu hal yang diajarkan oleh keterlepasan adalah untuk melepaskan diri dari hasil sebuah peristiwa, untuk fokus pada saat-ini, sekarang, eksistensi kini sendiri. Saat Anda membaca kalimat ini, Anda fokus pada setiap kata, tidak hanya memikirkan akhir kalimat ini dan resolusi gagasannya, tetapi lebih pada kemampuan untuk menikmati sesuatu berdasarkan pada sekadar terjadi, atau kebetulan saja.

Keterlepasan bukanlah memiliki sikap "tidak peduli", namun malah sikap "peduli" penuh, di mana tidak ada lagi rincian yang spesifik. Fakta identifikasi dan personifikasi ini membangun kesadaran akan identitas kita sendiri, dan menghubungkan situasi atau gagasan tersebut dengan diri kita sendiri. Jika kita menahan diri dari perilaku ini, kecenderungan alami kita untuk membuat sesuatu menjadi milik kita, situasinya menjadi lebih mudah beradaptasi.

Mari kita jelaskan ini dengan contoh: Lihatlah ponsel Anda, bayangkan Anda menjatuhkannya! Apa yang terjadi?! Anda memiliki respons emosional terhadap ponsel yang menghantam lantai. Alasan Anda memiliki respons ini adalah karena Anda menghubungkan ponsel dengan diri Anda sendiri, meskipun objek yang tidak hidup ini tidak memiliki koneksi fisik dengan tubuh atau emosi Anda. Gagasan bahwa itu jatuh dan mungkin rusak, menciptakan respons fisik dan emosional dalam diri Anda. Anda telah mengidentifikasi diri Anda dengan ponsel seluler dan menjadikannya "ponsel saya".

Praktik keterlepasan membangun kemampuan untuk mengamati perilaku kita sendiri seolah-olah berdasarkan pihak ketiga, melihat bagaimana kita bereaksi terhadap situasi, tanpa menghakimi tindakan kita, tanpa mengoreksi pola apa pun, ini membantu kita memahami dampak tindakan kita pada orang lain.

Pandangan objektif terhadap diri kita sendiri mengubah perilaku itu sendiri karena mata batin kita yang terlibat dalam pengamatan, membangun narasi alternatif yang tidak terhubung dengan identitas kita, karena perilaku kita terkadang adalah respons yang dipelajari, bukan tindakan nyata dari seorang individu yang bebas.

Keterlepasan mendorong kita untuk benar-benar jernih dan tenang, diam, tanpa gangguan, seperti lautan kaca, ini berarti emosi berada di bawah kendali, pantulan jiwa yang benar dan tidak terganggu, dan karena itu, Anda duduk di takhta kehidupan Anda, memerintah atas hidup Anda, tanpa rasa takut dan respons emosional.

Refleksi adalah seni sudut pandang; apa yang menjadi hasil pengamatan Anda bergantung pada sudut pandang pengamatan Anda.

Jika kita menciptakan ruang refleksi yang sejati, titik keterlepasan, di mana emosi tidak mengganggu pola air dalam tubuh dan ranah Tuhan, Kemampuan kita "melihat" dan menilai dengan benar dapat diting- katkan oleh kemampuan kita melihat situasi secara lebih tidak terikat.

Ketika mencoba memahami keterlepasan, kita membangun tempat istirahat dalam hati kita, istirahat yang sejati yang tidak terkait dengan tindakan, atau pasif bertindak, tetapi tempat keheningan yang tenang di mana gerakan tidak diperlukan untuk makna, hanya sekedar berada.

Kita harus berasumsi bahwa Adam memahami keterlepasan, karena dia berbicara kepada hewan-hewan dalam penciptaannya bersama Tuhan, dia aktif dalam hal kerja tetapi tidak aktif dalam hal berusaha dan keringat. Kita tahu bahwa imam-imam Lewi dilarang masuk kemah suci dengan keringat, mereka perlu menjalani proses pembersihan, tanda bahwa kerja manusia tidak diperlukan dalam tempat suci Tuhan, hanya keberadaan yang murni.

Kita juga paham bahwa pekerjaan itu sendiri bukanlah sesuatu yang jahat, namun berusaha untuk mencapai sesuatu menjadi permasalahan. Tempat istirahat yang lengkap ini, dicampur dengan rasa keterlepasan dari keadaan luar, atau perhatian terhadap dunia ini, membangun dalam diri kita kemampuan untuk mengamati Sang Pencipta bekerja dalam penciptaan. Sentuhan cahaya-Nya berdenyut masuk dan keluar dari materi, dan menunjukkan penyediaan Ilahi-Nya, serta aliran energy-Nya, perlahan meresap ke dalam penciptaan, bercampur dengan materi, dari dunia emanasi, untuk memunculkan keinginan-keinginan dari rencana Ilahi-Nya.

Praktik keterlepasan, atau kewaspadaan, memerlukan kesadaran yang peka terhadap gerakan jiwa, memahami manusia batin, dan bagaimana jiwa meresponi stimulus yang berbeda dari dimensi spiritual.

Kita tahu bahwa jiwa dipengaruhi oleh Tuhan lewat karya Roh Kudus, namun kita belum sepenuhnya paham cara kerja gaib-keilahian ini pada hati manusia.

Bagaimana jiwa diubahkan oleh pandangan ini ke dalam kemegahan Tuhan? Apa proses metamorfosis yang mengubahkan jiwa dari satu keadaan menjadi keadaan lain yang benar-benar baru ini?

Jiwa belajar hanya untuk mengamati, menjadi sadar akan perubahan, tindakan pengamatan itu sendiri mengokohkan perubahan, dan membawa metastasis jiwa yang lebih cepat terwujud.

LATIHAN PRAKTIS

Salah satu cara untuk melatih ini adalah dengan duduk di depan jam besar lantai, hanya memperhatikan menit di jam tanpa menyebutkan waktu.

Jam besar lantai, dengan lonceng dan bandulnya, lebih mudah membantu kita karena saat bandul bergerak dengan irama, momen waktu lebih mudah untuk dipahami secara konseptual.

Perkembangan waktu, perlahan bergerak dari saat ini ke saat di masa depan, kemudian menjadi lebih jelas, bagian sulit dari latihan ini adalah untuk tidak menyebutkan waktu, tidak mengukur, tetapi hanya mengamati.

Ketika pengamat hanya mengamati jam, tanpa kecenderungan alami untuk mencatat waktu yang telah berlalu atau waktu yang akan datang, hasilnya adalah praktik objektivitas.

Cobalah ini di rumah, tuliskan pemikiran Anda setelah praktik. Mungkin membantu untuk menetapkan alarm di ruangan sebelah, untuk memaksa pikiran Anda fokus pada latihan ini, dan bukan hanya menunggu waktu yang Anda tentukan untuk latihan ini selesai.

Melepaskan diri kita dari kebutuhan kita yang tidak sehat untuk memiliki sesuatu dan memperluas keberadaan kita di luar diri kita menjadi keadaan di mana mengamati dan kesadaran mengasah indra kita untuk menjelajahi hubungan yang lebih dalam dengan Tuhan.

(Salib Ignasian)

EXAMEN

Sebuah praktik renungan yang melibatkan refleksi dan evaluasi moral terhadap pemikiran dan perilaku seseorang, biasanya dilakukan setiap hari .(Oxford)

PELOPOR EXAMEN

"Karena bukan dengan mengetahui banyak hal, tetapi dengan menyadari dan menikmati hal-hal batiniah, jiwa merasa puas dan terpenuhil."

— Ignatius dari Loyola

Ignatius Loyola adalah seorang Imam Katolik Yesuit yang lahir pada tahun 1491 di kastil Loyola, Azpeitia, yang saat ini adalah wilayah Gipuzkoa, Basque, Spanyol. Istri dari seorang pandai besi mengadopsi Ignatius setelah ibunya meninggal tak lama sehabis melahirkannya, sehingga dengan demikian, María de Garín menjadi ibunya.

Dia bergabung militer pada usia 17 tahun dan dikenal sebagai seorang pemuda yang cerdik, pemberani, dengan ketertarikan pada pakaian mewah, dan menghabiskan waktu dengan terlalu banyak wanita. Ignatius melakukan banyak tindak kekerasan pada saat itu tetapi menghindari hukuman karena kedudukannya dalam hidup.

Pada tahun 1509, Ignatius memulai karir militer formalnya, di mana dia tumbuh smenjadi seorang pemimpin alami dengan bakat diplomatis. Dia terluka pada kakinya dalam pertempuran Pamplona pada tahun 1521.

Selama periode pemulihannya yang panjang, dia hanya bisa membaca Alkitab dan karya-karya rohani lainnya, karena rumah sakit tersebut dikelola dan dikerjakan oleh gereja. Saat membaca karya De Vita Christi karya Ludolph dari Saxony, dia mengalami sebuah konversi. Karya ini mempengaruhi karya tulisannya sendiri dan juga kerohaninya.

Ignatius memulai jalan devosinya di Santa Maria de Montserrat. Setelah beberapa waktu, dia turun gunung menuju kota Manresa, di mana dia mengemis selama beberapa bulan, menjadi sukarelawan di rumah sakit setempat, dan menghabiskan tujuh jam sehari bermeditasi dan mengembangkan latihan spiritualnya di gua dekat kota tersebut.

Selama tahun 1524 hingga 1535, Ignatius belajar di berbagai lembaga dan berhasil meraih gelar Magister Seni Rupa pada tahun 1535. Pada tahun 1539, Ignatius mendirikan Serikat Yesus bersama dua temannya, Peter Faber, dan Francis Xavier. Hal ini diakui secara resmi oleh Paus, dan Ignatius diangkat sebagai Pater Jenderal oleh para Yesuit.

Ignatius mengutus teman-temannya untuk mendirikan lembaga pendidikan di seluruh Eropa, sehingga mereka pun mengonversi penduduk sebagai pendidik misionaris. Juan de Vega memulai sebuah kampus Yesuit di Messina yang terbukti sukses dan digunakan sebagai prototipe di tempat lain.

Ignatius meninggal akibat malaria pada bulan Juli 1556, di Roma, dan saat ini ia dimakamkan di Gereja Gesù. Karyanya tentang Examen telah memengaruhi gerakan dan praktik yang berpusat pada gagasan Examen.

EXAMEN

Tujuan praktik Examen adalah untuk melibatkan Tuhan dalam kehidupan sibuk kita, ini adalah praktik yang diciptakan untuk orang- orang sibuk, bukan seseorang yang memiliki banyak waktu luang.

Kita diminta untuk berdoa tanpa henti, atau doa yang tidak pernah berakhir, namun, ini tampaknya tugas yang mustahil kecuali Anda mengasingkan diri dari dunia dan hanya berdoa.

Bagaimana jika ada cara untuk berdoa hanya selama beberapa menit di tengah hari Anda, menemukan ruang suci atau tempat tenang di kantor Anda, di mana Anda bisa bersendiri, dengan tenang, diam-diam ber-bicara pada Tuhan dan melibatkan-Nya dalam detail kehidupan Anda?

Kita tahu Tuhan selalu hadir bersama kita, tetapi bagaimana jika kita membiarkan Tuhan masuk ke dalam hidup kita, "dengan sepenuhnya," jika kehadiran-Nya meresapi momen-momen harian kita, jika kita bisa berbagi rasa dari sepotong sandwich yang enak dengan-Nya, atau aroma kopi yang harum, bagaimana rasanya jika Tuhan benar-benar menjadi Sahabat terbaik kita, bukan hanya penonton yang diam?

Praktik ini menjawab panggilan ini, untuk membantu kita menjadi teman dengan Tuhan, terus-menerus, saat kesadaran kita fokus pada menjadikan-

Nya bagian dari hidup kita.

Anda tidak akan selalu merasakan bulu kuduk berdiri atau pengagungan suci, tetapi itu bukanlah keseluruhan dari "hubungan nyata" yang sesungguhnya. Mari kita minta Tuhan untuk menjadi ba-gian dari hidup kita, lalu bangun cara yang disiplin dalam menciptakan ruang itu dalam agenda kehidupan sehari-hari kita, di ponsel kita atur alarm pengingat saat makan siang, dan benar-benar menghabiskan waktu bersama-Nya.

Jika kita memprioritaskan yang Ilahi dalam rutinitas harian kita, Ia akan memprioritaskan kita dalam momen-momen besar kehidupan; dan seperti Daud, kita akan dipanggil "Sahabat Tuhan."

KESETIAAN UNTUK EXAMEN

Anda mungkin bertanya mengapa kita ber-Examen, atau mengapa kita menjalankan metode apa pun, apakah Tuhan tidak spontan, mengapa kita tidak hanya melakukan hal-hal seiring dengan alur kehidupan saja?

Mari kita jujur dengan diri kita sendiri, kita tidak akan pernah punya cukup waktu untuk dihabiskan bersama Tuhan jika kita hanya membiarkan kehidupan kita mengalir begitu saja. Sifat dasar kehidupan adalah menciptakan prioritas pergerakan, secara sederhananya: Kita sibuk dengan kehidupan normal tanpa menyadari berlalunya waktu.

Anda mungkin sering mendengar di akhir tahun orang berkata, "Waktu berlalu begitu cepat, kemana perginya tahun ini?" Ini adalah pengakuan sederhana dari orang tersebut bahwa mereka tidak mengukur waktu mereka atau hidup mereka, mereka membiarkan segala sesuatu di sekitar mereka mengatur realitas mereka sehingga terbawa tanpa berhenti untuk memutuskan dan memilih bagaimana menghabiskan waktu mereka. Bukankah kita juga sering seperti itu?

Setiap doa atau praktik devosional membantu kita membangun rutinitas dan disiplin dalam hidup kita, disaat kita mengulangi tindakan-tindakan ini secara konsisten, itu menciptakan jalur saraf tertentu, suatu sistem rutinitas yang membantu kita membangun gaya hidup pertumbuhan spiritual dan kenyataan.

Dengan aktif mengejar kehidupan spiritual Kristiani, kita membuat dunia spiritual menjadi bagian dari pemikiran kita, bagian dari hidup kita, sehingga kita pun akan diubahkan dalam sifat dan karakter kita.

Orang percaya yang paham, yang berjalan dalam praktik doa harian, dapat mengantisipasi pergerakan Tuhan dalam penciptaan untuk mengarungi angin perubahan dan mengalami penggenapan dari hubungan dengan Allah Sang Pencipta, yang membuat mujizat terjadi dalam rutinitas sehari-hari.

Seiring kita sadar akan hembusan lembut Tuhan yang menggerakkan dedaunan waktu dan momen dalam hari-hari kita, kita akan menjadi orang yang penuh rasa syukur, menjalani hidup dengan penuh terima kasih atas hubungan yang dapat kita miliki dengan Roh Kudus.

Mereka yang tidak meluangkan dan menjadwalkan waktu demi kerohanian akan mati hatinya. Seiring waktu, mereka akan sadar bahwa murid yang tidak disiplin sering tersesat dari jalan kesucian, hidup mereka menjadi celotehan tanpa arah dengan sedikit kemajuan.

Mengapa kita mempertimbangkan kehidupan yang baik jika tanpa kehadiran Tuhan dalam jam-jam kita, tanpa koneksi yang disengaja dengan yang Ilahi. Masyarakat modern kini sangatlah terputus karena tuntutan waktu, kita telah melupakan sifat relasional kemanusiaan.

Semua hubungan memerlukan waktu, dan usaha, perhatian jelas, dan focus; tidak ada yang suka memiliki teman yang hampir tidak pernah mendengarkan dan mengerti kebutuhannya. Kita semua ingin memiliki teman dengan telinga lebar, hati lapang, dan agenda murni, yang hanya menginginkan persahabatan dan cinta kita, demi berbagi kehidupan.

Persahabatan-persahabatan seperti ini sulit ditemukan, sedikit orang memiliki teman seperti ini, keistimewaan untuk dapat mengenal seseorang seperti ini akan mengubah seluruh hidup Anda dan kesepian akan menjadi kenangan yang sudah lama hilang.

Kita memiliki seorang teman seperti ini, yaitu Roh Kudus, yang menunggu, diam mendengarkan, untuk pergerakan dari diri Anda, waktu yang Anda sediakan, dan waktu yang Anda luangkan, untuk mengenal-Nya.

PRAKTIK EXAMEN

Proses Examen memiliki beberapa langkah utama. Kita akan membedah setiap langkah ini dan bagaimana mereka dapat dieksplorasi menjadi sebuah proses spiritual. Kita akan paham bagaimana keseluruhannya terlihat setelah menjelaskan proses-proses tersebut.

Tujuan dari proses ini adalah untuk memilah bersama Tuhan, di mana Tuhan aktif dalam kehidupan kita, mencatat partisipasi-Nya yang aktif, memahami bahwa Tuhan memiliki kepentingan besar pada kita sebagai anak-anak-Nya, menjalani kehidupan yang menjadi kesaksian bagi-Nya.

Praktik Examen sebenarnya bukanlah tindakan perenungan yang berdiri sendiri, tetapi gaya hidup sejati yang terus-menerus rindu melihat Tuhan bekerja dalam kehidupan kita.

Semua praktik spiritual memerlukan disiplin, semakin kita berlatih, semakin kita ingin melakukan praktik tersebut; semakin kita membiarkannya terlewat, semakin sedikit keinginan kita untuk memulai lagi, dan semakin banyak pula momentum yang diperlukan untuk membuat kita terdorong memulai lagi.

Seiring kita tumbuh dalam praktik ini, mungkin kita akan merasa bosan, alih-alih menyerah, cobalah praktik yang lain, cobalah sesuatu yang berbeda, ini mungkin tidak membantu untuk mendorong diri kita meluangkan waktu, tetapi akan menginspirasi kita untuk mencoba hal-hal lain sampai kita menemukan sesuatu yang cocok untuk kita di saat itu.

Inti dari praktik ini adalah menghabiskan 15 menit dua kali sehari, waktu yang disarankan adalah saat makan siang dan sebelum makan malam. Bagian dari Examen adalah pengulasan jam-jam kita terjaga dalam hari kita, jadi saat makan siang, pertimbangkan jam-jam dari malam sebelumnya setelah makan malam hingga pukul 1 siang, kemudian pemeriksaan kedua dilakukan tepat sebelum makan malam, memeriksa jam antara pukul 1 siang sampai 6 sore.

Examen ini terstruktur untuk orang-orang sibuk, dan untuk kita ditengah sibuknya hidup. Jika dua kali sehari terlalu banyak, lakukan hanya satu sesi. Cobalah agar sesi ini singkat dan padat untuk memastikan praktik ini menjadi bagian dari hidup Anda, ini akan memerlukan disiplin, sadarilah bahwa tujuan dari Examen adalah menghadirkan Kristus ke dalam hidup Anda.

METODE

Metode Examen dapat dibagi kedalam beberapa kategori sebagai berikut untuk tujuan memahami alur proses yang harus dilalui agar Examen memiliki dampak pada kehidupan seseorang.

Kami melihat kategori-kategori ini sebagai titik-titik refleksi, bagaikan tempat peristirahatan di sepanjang jalan Examen.

Transisi

Menjadi sadar akan kehadiran Tuhan, dan pandangan-Nya pada Anda selagi Anda menjalani praktik ini.

Rasa Syukur

Ingat-ingat segala berkat yang sudah Kasih Tuhan berikan kepada Anda sepanjang hari ini dan berterima-kasihlah atas semua itu.

The PunisherPetisi

Mohonkan pada Tuhan pengertian dan kekuatan agar Examen ini berbuah melampaui kemampuan dan kapasitas Anda sendiri.

Tinjau

Bayangkan Anda menggandeng tangan Tuhan; ulaslah hari Anda, carilah gejolak dan titik-titik pemicu emosi, bahkan pemikiran yang Tuhan berikan pada Anda seharian ini.

Cari juga titik pemicu di mana si-jahat mencoba memicu reaksi emosional, atau gejolak spiritual.

Tinjau reaksi Anda terhadap pergerakan dan saat-saat yang rohani dan yang kurang rohani: Bagaimana saya menanggapi si-jahat, baik dalam pilihan saya, maupun tindakan saya?

Pengampunan

Mintalah pengampunan dari Tuhan, sadari bahwa Tuhan me- mandang Anda, menyembuhkan Anda bahkan dari kesalahan yang Anda buat sendiri, dan menghapus beban dari hati Anda.

Pembaharuan

Bersama Tuhan, pandanglah hari esok. Rencanakan dengan-Nya bagaimana Anda akan hidup dan berperilaku, sambil menyadari kasih setia Tuhan dan kerinduan-Nya untuk melihat Anda berhasil.

Transisi

Menjadi sadar kembali atas kehadiran Tuhan dalam jiwa dan raga Anda, lalu melalui doa rangkum dan tutup sesi Examennya.

Karena waktu yang terpakai untuk melakukannya juga penting, berikut adalah cara cepat untuk mengingat fokus dari praktik ini:

- *Relish* (nikmati) - Masa-masa indah dan berkat hari ini.

- *Request* (mohon) - Roh Kudus pimpin refleksi hari ini.

- *Review* (tinjau) - Ambil waktu untuk memikirkan ulang beberapa jam yang baru berlalu.

- *Repent* (sesali) - Minta Tuhan untuk mengampuni pelanggaran dan pilihan yang salah.

- *Resolve* (akhiri) - Buatlah komitmen untuk berlaku lebih baik. Ada beberapa pertanyaan mendasar dari metode ini yang bisa kita

tanyakan pada diri kita sendiri saat kita sedang bergerak dari berbagai titik-titik refleksi yang dapat membantu proses tersebut:

- Darimanakah aku datang?

- Siapakah aku ini?

- Kemanakah aku menuju?

- Bagaimanakah aku dapat sampai kesana?

- Apa sajakah yang aku harapkan sepanjang perjalanan?

Beberapa tips untuk praktik Anda:

- Siapkan jurnal kecil berukuran A5 dan mulailah jurnal untuk Examen Anda, "Perkembangan Status Spiritual," dengan entri tidak lebih dari 130 karakter.

- Saran untuk Jurnal:

  o Saya terpukul karena...

  o Saya khawatir karena...

  o Mempertimbangkan..., apakah hal tsb lebih buruk dari bayangan saya?

  o Saya bersedih atau merasa tersakiti karena...

- Pastikan praktik ini menjadi doa dan bukan sekedar usaha mental, dengan mengikuti langkah-langkah berikut:

o   Mohon pada Tuhan untuk memimpin praktik Anda.

o   Berbicaralah pada Tuhan, bukan kepada diri Anda sendiri.

o   Dengarkan suara Tuhan, perhatikan reaksi Tuhan, gunakan imajinasi Anda.

Kembangkanlah ritual pribadi Anda sendiri untuk memulai dan mengakhiri praktik ini; hal ini akan membantu untuk menciptakan ruang kudus dalam rutinitas harian Anda dan membantu Anda untuk memusatkan pikiran setelah hari yang sibuk. Contoh:

o   Panjatkan doa "Bapa Kami" sebelum Anda mulai.

o   Nyalakan lilin saat Anda mulai & tiup mati saat Anda selesai.

o   Bunyikan mangkok doa atau lonceng saat Anda mulai/selesai.

Jangan terlarut pada dosa dan kesalahan Anda sendiri, jika Anda menghabiskan terlalu banyak waktu demi merenungi hal tersebut, Anda tidak akan menengadahkan hati dan kepala Anda pada orang-orang di sekitar Anda yang membutuhkan kasih dan perhatian Anda. Tuhan mengampuni dosa, Dia rindu kita mengampuni diri kita sendiri dan terus melangkah maju.

Contoh praktik dapat digambarkan sebagai berikut:

· **LANGKAH 1** - 2 menit

'Diamlah dan ketahuilah, bahwa Akulah Allah'

Doa untuk terang agar aku melihat & mendengar keinginan Tuhan

· **LANGKAH 2** - 2 menit

Terima kasih Tuhan atas berkat yang telah kuterima:

1..

2..

3..

· **LANGKAH 3** - 4 menit

Apa yang berbicara pada saya tentang Tuhan? Jejak kehadiran Tuhan?

Kasih, kebaikan, kemurah-hatian, kedamaian, kesabaran, suka-cita, pengendalian-diri?

Apa yang membangkitkan semangat saya? Ke mana hal itu membawa saya?

· **LANGKAH 4** - 4 menit

Tanda-tanda ketidakhadiran Tuhan?

Apatis, kurangnya pertimbangan, kekejaman, agitasi, ketidaksabaran, kesuraman, pemanjaan-diri?

Apa yang menyurutkan semangat saya? Ke mana hal itu membawa saya?

· **LANGKAH 5** - 3 menit Kesedihan dan pembaharuan.

Hari esok ... Jebakan yang harus dihindari? Peringatan adalah persiapan!

(Salib Huguenot)

CHAPTER 11

"GLOSSOLALIA" & "XENOLALIA"

Bahasa Lidah atau Roh, adalah suatu pengucapan atau pengungkapan yang lancar dari suku-suku kata dan kata-kata yang tidak dapat dipahami secara langsung dalam bahasa daerah pendengar di lingkungan wilayah tersebut, yang biasanya merupakan suatu bagian dari kegiatan agamawi. (Wiki)

Xenolalia adalah fenomena paranormal ketika seseorang mampu menuturkan atau menulis bahasa yang tidak bisa diperoleh dengan cara alami. (Wiki)

PELOPOR GLOSSOLALIA & XENOLALIA

Ketika tiba hari Pentakosta, semua orang percaya berkumpul di satu tempat. Tiba-tiba turunlah dari langit suatu bunyi seperti tiupan angin keras yang memenuhi seluruh rumah, di mana mereka

duduk; dan tampaklah kepada mereka lidah-lidah seperti nyala api yang bertebaran dan hinggap pada mereka masing-masing. Maka penuhlah mereka dengan Roh Kudus, lalu mereka mulai berkata- kata dalam bahasa-bahasa lain, seperti yang diberikan oleh Roh itu kepada mereka untuk mengatakannya.

Kisah Para Rasul 2:1-4 (TB)

Betapa menakjubkan jika kita dapat menyaksikan untuk pertama kalinya Roh Kudus turun dan berbicara dalam bahasa roh, karena praktik membangun roh ini diberikan langsung oleh Roh Kudus, sehingga Roh Kudus dapat kita anggap sebagai "pelopor" pertama dalam praktik ini.

Tentu saja, para murid yang hadir adalah pelaksana praktik ini, dan kita mengenang jasa mereka karena telah menghabiskan waktu di ruang atas, mencari Allah setelah Yesus naik ke surga.

Salah satu orang kudus favorit saya, Hildegard dari Bingen, adalah contoh baik xenolalia. Dia memiliki karunia berwahyu dan bernubuat, dan dia mampu berbicara dan menulis dalam bahasa Latin tanpa pernah belajar bahasa tersebut. Dia hidup pada abad ke-12 di Jerman.

Edward Irving adalah seorang hamba Tuhan Gereja Skotlandia pada abad ke-19. Dia dianggap sebagai sosok penting dalam pendirian Gereja Katolik Apostolik. Dalam tulisannya, ia merujuk pada seorang wanita yang "berbicara dengan panjang lebar, dengan kekuatan super, dalam bahasa yang tidak dikenal, heran bagi semua yang mendengar, dan untuk penghayatan dirinya sendiri serta kesenangannya dalam Tuhan." Edward juga menyatakan bahwa "bahasa lidah adalah instrumen besar untuk penghayatan pribadi, seaneh apapun hal itu bagi kita."

Tujuan dari bab ini bukanlah untuk membahas perbedaan teologis yang ada dalam Kekristenan saat ini tentang praktik ini. Pemisahan sepele antara dogmatis dan doktrinal tidak akan ada lagi di masa depan karena sistem kepercayaan pascamodern menghilangkan kebutuhan akan pemisahan intelektual yang kasar ini.

Kami sadar dogma dan kepercayaan denominasi dalam sistem teologis lain yang berbeda pendapat dan memperdebatkan penerapan karunia-karunia ini. Kami tidak berusaha melanjutkan perdebatan tersebut di sini, tetapi hanya untuk menunjukkan bahwa hal-hal ini ada dalam gereja secara umum sebelum kita mulai menolak praktik-praktik ini karena denominasi atau sistem pemikiran tertentu yang kita sukai.

PENGENALAN GLOSSOLALIA & XENOLALIA

Kita akan membahas praktik Glossolalia sebagai praktik perenungan yang memungkinkan orang percaya untuk tumbuh secara spiritual dan mengalami keadaan ekstatis yang lebih tinggi dalam kesadaran spiritual.

Kita tahu bahwa kepercayaan pada Glossolalia, atau lebih dikenal sebagai berbicara dalam lidah, adalah kepercayaan yang umum dipegang dalam sebagian besar denominasi Karismatik dan Pentakosta, yang dikaitkan dengan pembaptisan Roh Kudus.

Ayat yang mereka gunakan adalah dari *Kisah Para Rasul 2:4, "Maka penuhlah mereka dengan Roh Kudus, lalu mereka mulai berkata-kata dalam bahasa-bahasa lain, seperti yang diberikan oleh Roh itu kepada mereka untuk mengatakannya." (TB)*

Sebelum kita membahas praktik ini dalam konteks zaman modern, perlu kita bahas juga beberapa definisi dari berbagai istilah yang berbeda.

Tiga kata Yunani yang yang akan dibahas dalam area ini adalah

- **Akolalia**: Seseorang berbicara dalam suatu bahasa namun pendengar mendengarnya dalam bahasanya sendiri (atau yang dikenalinya).

- **Glossolalia:** Seseorang berbicara dalam suatu bahasa yang tidak memiliki korespondensi dengan bahasa nyata manapun.

- **Xenolalia:** Seseorang berbicara dalam bahasa asing nyata yang tidak diketahuinya.

Sebelum kita memasuki pertimbangan teologis, mari kita mulai dengan sejarah yang tidak diketahui oleh banyak orang dalam gereja saat ini.

Pada abad ke-5, Santo Patrick berbicara tentang Roh Kudus berbicara atau berdoa dalam bahasa berbeda yang tidak dikenali dirinya sendiri.

Pada abad ke-12, Santa Hildegard von Bingen, seperti yang telah disebutkan di atas, berbicara dan menulis dalam bahasa Latin; beberapa orang berkata bahwa ini mewakili kategori "Xenolalia." Pada tahun 1215, dalam vita Hadewijch, dia menyebut biara Cistercian dan Victorine sebagai tempat pengembangan praktik perenungan canggih dan karunia karismatik seperti visi, bernubuat, glossolalia, dan sukacita.

Pada tahun 1265, Thomas Aquinas menulis tentang karunia bahasa lidah untuk tujuan mengonversi orang lain yang kita sebut sebagai "Akolalia," kemampuan berbicara kepada orang lain, seperti yang disebutkan dalam ayat-ayat Alkitab dalam KPR. Thomas menganggap karunia ini masih tersedia bagi mereka yang terpanggil untuk misi ini.

TUJUAN GLOSSOLALIA

Mengapa kita berdoa dalam bahasa yang tidak kita pahami? Sepertinya berbagai bahasa telah membawa perpecahan dalam umat manusia sejak zaman Babel dan pemisahan manusia menjadi suku dan bahasa yang berbeda. Untuk menjawab pertanyaan ini, kita akan melihat pentingnya dan tempat yang dimiliki oleh glossolalia dalam iman kita.

Hal pertama yang terjadi ketika Roh Kudus dicurahkan kepada gereja adalah terjadinya bahasa baru ini, pola linguistik spiritual baru lahir kembali di bumi.

Didaktik linguistik ilahi ini menghapus kesombongan intelektual manusia karena pikiran tidak menghasilkan apa-apa dalam hal ini, buah ilahi dari ekstasi spiritual dan persatuan dipulihkan kembali dalam jiwa.

Wadah penyimpanan jiwa manusia diubah menjadi seperti yang telah dikatakan oleh Kristus, "Rumah-Ku akan menjadi rumah doa bagi semua bangsa." Dalam esensinya, bait tubuh manusia, sebagai tempat ibadah kepada Tuhan, diinaugurasi dengan penghapusan ego manusia yang tinggi.

Allah disembah "dalam Roh dan Kebenaran," untuk pertama kalinya di bukit kudus penyembahan yang diungkapkan secara ilahi, tanpa keringat dari imam, manusia. Kognisi manusia dihilangkan, dan penyembahan kepada Tuhan, oleh Tuhan yang berinteraksi dengan jiwa yang bekerja sama, menyerahkan persepsi akan keilahian, hanya untuk menjadi wadah penyembahan ilahi melalui bahasa Roh Kudus.

Dalam Kitab KPR, orang-orang mengenali berbagai bahasa mereka dari mulut orang-orang yang tidak pernah belajar bahasa mereka. Orang Yahudi berbicara dalam berbagai bahasa tanpa pernah belajar artinya.

Gereja yang menjadi "rumah doa bagi segala bangsa" diatur secara ilahi oleh doa Roh Kudus dalam kuil tubuh manusia, yang secara penuh menyerahkan kehendak dan ego mereka dan membiarkan Allah menjadi Allah secara total.

Kerjasama akal manusia yang sulit dipahami, melewati proses kognitif dan kemampuan generatif manusia untuk menciptakan makna, sehingga memungkinkan Allah untuk berbicara sekali lagi ke dalam penciptaan, bukan sebagai pencipta dari pihak luar, namun sebagai rekan pencipta yang mendiami tubuh manusia, berbicara ke dalam misteri penciptaan yang tak terungkap, tak terlihat, dan tak dapat dipahami pikiran kita.

Sebuah rahmat anugrah yang besar, bahasa para malaikat dan bahasa manusia, hidup berdampingan dalam jiwa dan mulut kita. Allah "meletakkan puji-pujian dari mulut bayi-bayi," yang tidak memiliki kemampuan generatif untuk mengungkapkan misteri Allah, sebuah ekstasi yang lengkap, terpesona oleh keindahan Allah yang kekal.

Seandainya manusia diciptakan untuk tidak berkomunikasi secara audio tetapi melalui cahaya seperti yang ada di surga saat ini, pengenalan kembali bahasa doa ini merupakan langkah awal untuk membantu umat manusia menuju pemulihan sebagai bait pemancar cahaya.

Ketika kita berdoa dalam bahasa roh, pada dasarnya kita mengkonfigurasi ulang tubuh dan pikiran kita ke dalam misteri-misteri Allah. Misteri-misteri ini tidak dapat diungkapkan dalam bahasa manusia karena materialitas yang terkurung dalam makna tiap bahasa.

"Apa yang tidak pernah dilihat oleh mata, dan tidak pernah didengar oleh telinga, dan yang tidak pernah timbul di dalam hati manusia: semua yang disediakan Allah untuk mereka yang mengasihi Dia."

1 Korintus 2:9 (TB)

Kami memahami bahwa kemampuan Allah yang tak terbatas untuk mencipta dan membantu manusia berkembang ke tingkat kesadaran yang lebih tinggi berarti kita akan memerlukan bahasa baru.

Saat komputer diciptakan, bagian dari prosesnya adalah pengembangan kode pemrograman yang dapat menerjemahkan ide-ide program ke dalam mesin proses ketika menjalankan kode-kode tersebut.

Pada dasarnya, diperlukan pengembangan sistem bahasa baru, dan memang banyak bahasa program yang telah diciptakan. Begitu pula saat evolusi manusia ke tingkat yang lebih tinggi sebagai ras penjelajah luar angkasa. Istilah, gagasan, dan konsep baru akan perlu disampaikan.

Proses berdoa dalam bahasa Roh mensimulasikan proses ini dan membantu kita mengembangkan pemahaman spiritual dalam diri kita yang aktif saat kita medapat pengetahuan dan pemahaman tersebut.

Beberapa orang menyebut ini "Berdoa dalam Roh", jika benar demikian yang terjadi, Roh tidak terikat oleh ruang dan waktu sehingga berdoa dengan cara ini menjadi sebuah cara untuk menyatakan misteri Allah dengan mengucapkan realitas-realitas spiritual yang belum kita pahami secara kognitif saat ini namun sedang dipersiapkan Allah untuk kita.

PRAKTIK GLOSSOLALIA

Sebelum kita memulai perjalanan untuk memperoleh karunia Glossolalia, kami mengasumsikan bahwa Anda memiliki seorang sosok mentor spiritual yang sudah dapat "berbicara dalam lidah." Jika ini tidak, ada beberapa pilihan yang bisa Anda lakukan. Pertama, Anda bisa mencari gereja tipe Karismatik atau Pentakosta di daerah Anda dan meminta mereka untuk mendoakan Anda. Anda tidak perlu menghadiri gereja mereka atau mengikuti sistem kepercayaan mereka untuk berpartisipasi dalam karunia Roh Kudus ini.

Jika Anda merasa opsi ini terlalu ekstrem, Anda dapat memilih jalur lain dengan meminta Roh Kudus memberikan Anda "karunia bahasa lidah" tanpa intervensi manusia, sesuatu yang sama-sama mungkin dan bahkan lebih bermanfaat sesuai dengan kebutuhan spiritual Anda.

Untuk memulai praktik ini, duduklah dengan tenang dalam sebuah ruangan dan mulailah berdoa dengan lidah Anda. Mungkin Anda pernah melakukan ini sebelumnya dalam konteks lain, tetapi dalam suasana perenungan, fokuskan perhatian Anda pada Salib atau Yesus, atau gambar ilahi lain dalam pikiran Anda.

Jika praktik visualisasi berat bagi Anda, Anda dapat memikirkan ayat Alkitab favorit Anda atau nama ilahi, seperti yang diungkapkan dalam Alkitab, misalnya, YHWH, Elohim, sambil berdoa dengan lidah Anda.

Saat Anda berdoa, dengarkan kata-kata yang keluar dari mulut Anda, irama, intonasi, dan berbagai perasaan yang dirasakan oleh tubuh Anda.

Setelah itu, berdoalah dengan cara yang sama tetapi kali ini ubah irama dari bahasa doa Anda. Cobalah untuk berdoa dengan perlahan mengucapkan dan membentuk kata-kata di mulut Anda dan rasakan cara setiap kata memengaruhi mulut Anda. Rasakan bahasa dengan tubuh Anda karena memahami apa yang Anda doakan, pengalaman dan perasaan dari bahasa tersebut dapat menjadi lebih nyata.

Kemudian beralih ke kecepatan yang lebih tinggi, berdoa secara cepat dan ubahlah irama dan pembentukan kata-kata secepat mungkin. Rasakan efeknya di dalam tubuh Anda dan di sekitar Anda.

Terus ubah irama, tetapi juga ubah intonasi kata-kata, nada bicara Anda, atau bicara lebih keras dan lebih lembut. Anda juga dapat bernyanyi, melantunkan, atau menggetarkan bahasa doa Anda. Semua teknik perubahan bicara ini seharusnya membuat Anda merasakan perluasan diri Anda secara internal saat Anda mengubah penyampaian doa Anda.

Juga dapat terjadi untuk mengalami bahasa doa yang berbeda setiap sekitar 10 menit, Anda seharusnya dapat mengakses berbagai suara yang berbeda, hampir seperti Anda beralih dari bahasa Prancis ke Belanda atau lainnya, suara tersebut seharusnya sangatlah berbeda.

Semua latihan ini dapat dilakukan sambil pikiran Anda terfokus pada hasil atau arah tertentu. Misalnya Anda dapat fokus pada Salib, tetapi saat praktik doa semakin intens, kemampuan untuk berpikir tentang objek atau nama ilahi tertentu yang direnungkan menjadi lebih sulit.

Izinkan diri Anda untuk merasakan pernapasan dan seluruh tubuh Anda, fokus pada rasa yang timbul dari praktik ini pada tubuh jasmani Anda dan bagaimana praktik doa ini telah mempengaruhi seluruh diri Anda.

Jika Anda bosan berdoa dalam bahasa doa Anda, Anda dapat mencoba menulis apa yang Anda dengar saat Anda berdoa secara fonetis. Ini akan membawa dimensi baru dalam praktik Anda karena sekarang Anda perlu membedakan berbagai suara yang Anda ucapkan.

Putarlah musik pujian sebagai latar belakang untuk membantu pikiran Anda fokus pada hal lain selama doa Anda berlanjut.

Berdoa dengan cara ini dalam jangka waktu yang panjang dapat membantu Anda menafsirkan atau memahami ayat Alkitab yang sedang Anda renungkan dengan cara yang berbeda. Terkadang perlu untuk mencatat dan menulis pemahaman Anda tentang sebuah ayat, lalu berdoa sambil merenungkan ayat tersebut.

Kemudian, Anda dapat menuliskan bagaimana Anda memahami ayat Alkitab tersebut setelahnya dan bagaimana pemahaman Anda telah berubah selama dalam praktik berdoa.

Berjalan-jalan saat berdoa dapat membantu Anda fokus pada praktik doa, terutama ketika pikiran Anda tidak sedang terlibat langsung dalam praktik doa tersebut. Beberapa perenung berjalan dalam pola-pola tertentu seperti angka delapan atau simbol keabadian, secara alegoris menghubungkannya dengan korban Abraham, dan secara metaforis mengulang kembali peristiwa yang disebutkan dalam Kitab Kejadian.

Orang lain mungkin memilih pola kudus atau simbol geometris untuk membantu pikiran mereka merenungkan makna yang mendasarinya, seperti salib atau simpul Kelt yang melambangkan Trinitas. Sambil berjalan di atas pola tersebut di lantai, mereka terus berdoa dalam bahasa doa mereka, menggunakan tubuh dan pikiran mereka untuk fokus pada makna tersembunyi di balik tindakan-tindakan tersebut.

Lagu dalam bahasa asing juga dapat membantu doa Anda. Mendengar pujian dari bangsa lain dan berdoa seiring dengan lagu tesebut dapat menghubungkan Anda dengan Allah di luar batasan etnis dan bahasa.

Teknik ini ampuh saat Anda berdoa untuk bangsa lain karena me- libatkan penggunaan bahasa asli mereka dalam konteks ibadah sehingga Anda dapat merasakan frekuensi budaya dan pola linguistik mereka.

Bahasa pada hakikatnya adalah ekspresi ilahi; Allah menciptakan dunia dengan berbicara dan kita juga diberi kekuatan itu. Pemahaman ini memberi kita pilihan antara hidup dan mati, seperti yang juga di- nyatakan dalam Alkitab. Ini adalah tanggung jawab besar yang di- berikan Allah kepada kita. Kita haruslah selalu memilih kehidupan!

(Salib St. Yakobus)

BREATHWORK

Breathwork adalah istilah modern untuk berbagai praktik pernapasan di mana pengendalian pernapasan diyakini mempengaruhi keadaan mental, emosional, atau fisik seseorang, dengan klaim efek terapeutik. (Wiki)

INFLUENCERS OF BREATHWORK

"It is not out of place to teach [seekers] to bring their intellect within themselves by means of their breathing". Therefore, it is reasonable to,

"recommend them to pay attention to the exhalation and inhalation of their breath, so that while they are watching it, the

intellect too, may be held in check. This control of the breathing may, indeed, be regarded as a spontaneous consequence of paying attention to the intellect; for the breath is always quietly inhaled and exhaled at moments of intense concentration, especially in the case of those who practice stillness, both bodily and mentally."

– Saint Gregory Palamas

Meski kita tidak akan meneliti pengaruh pernapasan dari tiap individu tertentu terhadap Kekristenan, namun pernapasan telah tertanam dalam praktik perenungan sebagai sarana untuk fokus dan tetap tenang.

Seperti yang dikatakan Santo Gregorius Palamas, tindakan pernapasan membawa pikiran ke tempat keterlibatan yang alami. Pikiran dengan mudah dapat menggunakan pernapasan sebagai metode keheningan karena itu merupakan salah satu fungsi alami dalam tubuh. Hal ini juga membantu dalam menjadikan kita sadar akan kinerja tubuh.

BREATHWORK

Ketika seorang bayi lahir, kita begitu menantikan pengambilan napas pertama saat bayi itu menangis. Ini adalah suara yang paling indah dan dirayakan karena napas itu menandakan kehidupan dalam bayi tersebut.

Bernapas adalah salah satu hal yang menyamakan semua manusia, namun terkadang, kita terlalu sibuk dan tidak sadar akan keberadaan diri sendiri sehingga kita menyepelekan pernapasan. Mari ambil sedikit waktu sebelum memulai; tarik napas panjang dan perlahan, ingatlah untuk menghembuskan napas secara panjang. Ulangi. Kerja bagus!

Bab ini adalah pengantar untuk bernapas sebagai bagian dari meditasi, breathwork, mengapa napas penting, memahami berbagai jenis pernapasan, dan bagaimana ini dapat memengaruhi kesadaran dan kesadaran dimensi spiritual.

Ada buku-buku dan sumber yang sangat baik bagi mereka yang hendak mendalami ini. Kita juga perlu menyadari bahwa beberapa praktik breathwork secara tegas bukan Kristiani dan seharusnya tidak dipraktikkan oleh orang Kristen.

Ketika memulai sesuatu yang baru yang dapat memengaruhi tubuh, seseorang harus memastikan untuk melakukan penelitian tentang risiko medis dan cara melakukannya. Lebih baik memulai berlatih breathwork untuk beberapa kali dalam kelompok untuk mengenal respons tubuh yang berbeda dan membantu Anda memahami apa yang normal dan berbahaya.

Sebagian besar pernapasan kita dilakukan tanpa berpikir sampai kita, sebagai masyarakat, mendapat kejutan yang tidak menyenangkan selama tahun 2020 ketika pandemi COVID-19 melanda bangsa-bangsa dan tiba-tiba pernapasan kita menjadi penting lagi. Ribuan orang kehilangan nyawa karena tingkat oksigen mereka turun drastis; seluruh dunia berhenti karena pernapasan kita terganggu oleh penyakit jahat ini, yang akan tetap menjadi bagian dari sejarah manusia selamanya.

Namun, selama periode ini, kita belajar bahwa napas kita penting; kita menjadi sadar dan sepenuhnya terjaga terhadap napas kita secara lebih tajam. Tidak hanya mereka yang terjangkit virus, tetapi kita semua saat sehari-hari diharuskan mengenakan masker. Tiba-tiba napas kita berada di depan wajah kita!

Janganlah kita hanya melihat periode tersebut dengan jijik, kita perlu melihat dampak yang kejadian itu telah berikan kepada kita sebagai umat manusia; kita telah diberi kesempatan untuk berhenti sejenak, bernapas, dan mengingat.

Karena kita lahir dengan kemampuan bernapas, kita mungkin menganggap diri kita sebagai ahli dalam hal ini. Namun itu tidaklah benar, ada jenis pernapasan yang baik untuk Anda, yang buruk, dan ada yang dapat memberikan penyembuhan dan kesehatan. Jadi, kita perlu membahas napas untuk memahami berbagai aspeknya, lalu melepas kebiasaan buruk pernapasan alami dan belajar ulang cara bernapas.

Kita tidak hanya belajar teknik dan metode, kita belajar cara hidup, memahami keseimbangan gas yang kompleks yang ada dalam tubuh kita, yang memungkinkan kita menjadi anggota masyarakat yang produktif dan produktif dengan lebih sedikit stres, dan lebih banyak kesadaran.

Ada lima kategori utama jenis-jenis pernapasan:

- Pernapasan Harian – teknik belajaran cepat untuk mengubah kerangka emosional atau tubuh Anda saat ini (Sistem Tidur dan Energi)

- Metode Memperbaiki Pernapasan Anda – teknik yang mengubah pola pernapasan Anda dan memengaruhi kualitas hidup Anda (Pernapasan Diafragma)

- Pernapasan Performa Puncak– teknik berbicara atau bertindak apa pun, atlet puncak performa

- Pernapasan Jiwa – Metode Buteyko, Metode Wim Hof

- Sistem Pernapasan Spiritual – Rebirthing, Holotropic Breathwork, Transformational Breathwork, Biodynamic Breathwork, Pernapasan Yogik Pranayama

Kita akan membahas beberapa metode yang saya percayai memiliki sistem dan pola pernapasan yang lebih seimbang, serta dapat diintegrasikan dengan nilai-nilai Kristiani.

PERNAPASAN DI DALAM ALKITAB

Peran pernapasan dalam doa hampir sama pentingnya dengan doa itu sendiri. Kita tahu bahwa Allah menciptakan Adam, menghembuskan nafas ke dalamnya, dan dengan demikian menciptakan siklus pernapasan yang belum berhenti sejak jutaan tahun yang lalu.

Kata "bernafas" disebutkan 39 kali dalam Alkitab, sebagian besar mengimplikasikan bahwa seseorang hidup dan mampu bernafas. Konsep pernapasan dalam bahasa Ibrani menunjukkan bahwa seseorang hidup, mereka tidak memiliki pemahaman medis kita tentang "mati otak" sebagai akhir kehidupan. Bagi orang kuno, napas berarti hidup.

Salah satu ayat yang menunjukkan hal ini sebagai contoh adalah **Mazmur 33:6 (TB)**, *"Oleh firman TUHAN langit telah dijadikan, oleh nafas dari mulut-Nya segala tentaranya."*

Yang perlu digaris-bawahi adalah perubahan makna pernapasan dari Perjanjian Lama ke Perjanjian Baru.

Nafas yang dihembuskan oleh Allah adalah ilahi, nafas-Nya sendiri membuat tubuh mati Adam menjadi hidup, jadi sejak nafas Allah dibagikan dengan Adam, pasti nafas kita memiliki jejak resonansi ilahi.

Yesus juga menghembuskan nafas-Nya kepada murid-murid-Nya dalam **Yohanes 20:22 (TB)**, *"Dan sesudah berkata demikian, Ia mengembusi mereka dan berkata: 'Terimalah Roh Kudus.'"*

Kata yang digunakan di sini dalam bahasa Yunani adalah *emfusao*, yang membuat banyak sarjana Alkitab memiliki beberapa pertanyaan tentang apa yang Yesus maksudkan ketika Ia berkata, "Terimalah Roh Kudus."

Ini bukanlah kata yang sama yang digunakan dalam bahasa Ibrani, *ruach*; dicontohkan dalam **1 Korintus 15:45 (TB)**, "Seperti ada tertulis: 'Manusia pertama, Adam menjadi makhluk yang hidup', tetapi Adam yang akhir menjadi roh yang menghidupkan."

Mengapa Yesus memilih untuk menghembuskan nafas kepada mereka daripada meludahkan atau bersin di atas mereka? Yesus memilih untuk menghembuskan nafas, sama seperti Allah Bapa menghembuskan nafas-Nya kepada umat manusia, untuk menghidupkan kembali hati mereka dan mempersiapkan mereka untuk pertemuan ilahi.

Argumennya adalah bahwa nafas pertama Allah membuat Adam menjadi jiwa yang hidup. Nafas Yesus setelah kebangkitan-Nya adalah nafas seorang manusia yang mengalahkan kematian sehingga menghembuskan keabadian dan perubahan pada diri mereka.

Nafas Yesus ini mengkonfigurasi ulang keberadaan mereka untuk memahami Alkitab dan membuat mereka menjadi "roh yang menghidupkan," mengubah sifat dasar diri mereka ke dimensi penciptaan yang lebih tinggi—bukan hanya adamic—tetapi menjadi "ciptaan baru." Nafas Yesus meninggikan tubuh mereka di atas sifat intrinsik Adam.

Saat kita mendalami pernapasan, kita menemukan bahwa tidak semua pernapasan sama, mari kita belajar untuk bernafas bersama Yesus, mari kita fokus bersama, dan terimalah nafas kekal Allah yang mengisi kita dengan Roh Kudus.

NILAI DARI BREATHWORK

Ada berbagai teknik pernapasan dan cara untuk berlatih breathwork. Kita hanya akan melihat beberapa ide dan praktik utama yang telah saya coba dan uji sendiri. Banyak modalitas breathwork memiliki beberapa kesamaan gagasan, sehingga, bagaimana cara mereka dipraktikkan menjadi faktor yang membedakannya.

Pada dasarnya, breathwork sangat efektif dalam mengatasi kecemasan, ketakutan, dan gangguan stres karena dampak fisiologisnya pada tubuh melalui peningkatan oksigen ke otak dan mengurangi respons bertahan hidup secara bertarung dan insting untuk kabur.

Ada berbagai diskusi tentang hiperventilasi, "pernapasan berlebihan," dan istilah lain di dunia breathwork, tetapi jangan terjebak oleh terminologi dan semua istilah mengenai fisiologi Anda. Anda tidak perlu menjadi dokter atau profesional medis untuk mulai bernapas, Anda melakukannya saat membaca kalimat ini.

Pemahaman dasar tentang tubuh Anda dan bagaimana tubuh Anda merespons membantu menghadapi perubahan pada darah dan pola detak jantung Anda, namun, hambatan untuk terlibat dalam breathwork janganlah dijadikan pemahaman Anda tentang tubuh Anda. Tujuan breathwork adalah membantu Anda sadar dan peka terhadap pernapasan Anda; ini akan memengaruhi pola tidur dan kualitas hidup Anda.

Selain efek fisiologis seperti mengurangi stres, kita menghabiskan lebih banyak waktu dalam keheningan dan meditasi yang menangani bagian- bagian tidak sadar dan bawah sadar pikiran. Banyak teknik yang dikembangkan menangani masalah sekunder ini dan bagaimana memproses trauma emosional yang mendasari umat manusia modern.

Breathwork tidak memiliki awal teologis langsung, bernapas adalah proses alami, dan pernapasan khas Anda dipelajari pada usia dini. Bagaimana kita melihat pernapasan didasarkan pada budaya, latar belakang, dan ideologi kita sendiri; kita melihat pernapasan dengan penuh ide, ide-ide ini memengaruhi breathwork, bukan sebaliknya.

Breathwork juga memiliki implikasi rohani, karena kita belajar fokus pada bagaimana kita bernapas, fokus ini menghasilkan pertumbuhan dan perubahan rohani. Beberapa praktisi dalam pernapasan percaya pada penggunaan praktik ini untuk menemukan kehidupan masa lalu mereka, dan ide-ide lain seputar reinkarnasi. Saya tidak membagikan

gagasan-gagasan ini, dan saya percaya seseorang sebaiknya berhati-hati untuk menggambarkan kenangan yang tersembunyi dalam DNA sebagai regresi kehidupan masa lalu. Proses keheningan dan kesunyian membuat kita rentan terhadap pengalaman spiritual, namun pengalaman-pengalaman ini, saya peringatkan, perlu diproses dengan bimbingan dan arahan spiritual.

Kita dengan mudah dapat terpesona oleh metafora spiritual dan psikologis kita sendiri dan mulai membentuk jalur imajinasi dan perjalanan imajiner yang sia- sia. Jalur ini hanya dapat ditempuh dengan bimbingan dan pengawasan rohani untuk memungkinkan perjalanan penemuan diri dan pertumbuhan rohani yang lebih berkelanjutan

Jalur di dalam selalu mengarah pada penemuan diri, yang kemudian berkembang menjadi penemuan kerajaan Allah.

TEKNIK PERNAPASAN

Kita akan membahas beberapa teknik pernapasan dan memberikan panduan tentang cara memulainya. Namun, Anda bebas untuk melakukan penelitian lebih mendalam tentang beberapa teknik ini atau menghadiri lokakarya online atau lokakarya langsung. Pastikan Anda melakukan cukup penelitian medis sebelum Anda memulainya.

KOMPONEN DASAR

- Pernapasan terhubung secara sadar: Tidak ada jeda antara momen menghirup dan menghembuskan napas.

- Pernapasan diafragma: Menghirup secara aktif ke perut dengan ekspansi dada yang santai.

- Menghembuskan secara santai: Mengeluarkan napas sebagai tindakan pasif (melepaskan).

Saluran pernapasan: Menghirup dan mengeluarkan napas melalui saluran yang sama.

Pernapasan Kotak

o   Mulailah di sudut kanan bawah dari kotak.

o   Hirup napas selama empat ketukan saat Anda mengikuti sisi pertama dari gambar kotak dibawah.

o   Tahan napas selama empat ketukan saat Anda mengikuti sisi kedua dari gambar kotak dibawah.

o   Keluarkan napas selama empat ketukan saat Anda mengikuti sisi ketiga dari gambar kotak dibawah.

o   Tahan napas selama empat ketukan saat Anda mengikuti sisi terakhir dari gambar kotak dibawah.

o   Anda baru saja menyelesaikan satu napas yang dalam.

o   Ulangi.

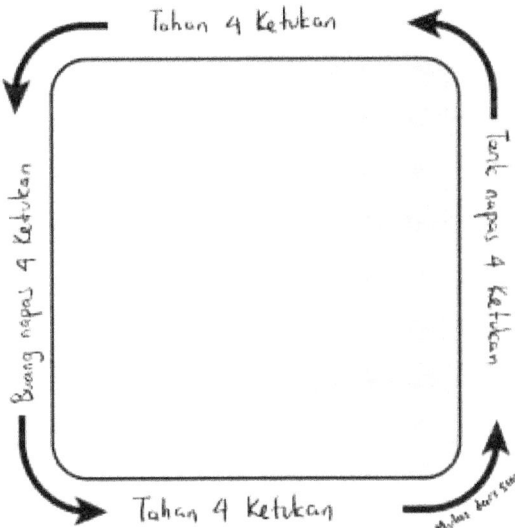

Pernapasan Segitiga

o   Mulailah dari sudut kiri bawah gambar segitiga dibawah.

o   Hirup napas selama tiga ketukan saat Anda mengikuti sisi pertama dari gambar segitiga dibawah.

- o Tahan naapas selama tiga ketukan saat Anda mengikuti sisi kedua dari gambar segitiga dibawah.

- o Keluarkan napas selama tiga ketukan saat Anda mengikuti sisi terakhir dari gambar segitiga dibawah.

- o Anda baru saja menyelesaikan satu napas yang dalam.

- o Ulangi.

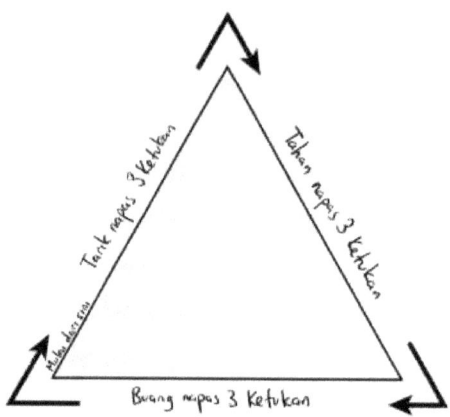

LATIHAN PERNAPASAN DASAR

Sekarang kita akan mengikuti latihan pernapasan yang menenangkan pikiran dan membantu membawa keseimbangan dan stabilitas ke dalam tubuh.

Posisi sangatlah penting karena dapat memaksimalkan pernapasan Anda:

- Duduk dengan kaki bersilang di lantai atau di kursi dengan kaki Anda rata di tanah.

- Luruskan tulang belakang Anda, bawa bahu Anda ke belakang sehingga lurus, dan angkat sedikit dada Anda.

- Pastikan jantung Anda berada lebih depan dari kepala Anda. Tekuk dagu Anda sedikit hanya cukup untuk meratakan bagian belakang leher Anda.

- Tutup mata Anda.

- Mulailah dengan mengambil nafas penuh dan menghembuskannya, mengisi paru-paru Anda, dan membiarkan perut Anda mengembang saat menghirup. Pada saat menghembuskan nafas, tekan otot perut Anda ke arah tulang belakang Anda untuk membantu Anda melepaskan seluruh nafas.

Sekarang, setelah Anda telah mencapai posisi yang optimal untuk berlatih pernapasan, mari kita lanjutkan ke latihan sesungguhnya:

Mengosongkah Pikiran Anda Tarik napas selama 4 ketukan. Buang napas selama 4 ketukan.

Ulangi pola ini selama 5 hingga 15 menit.

Selagi Anda bernapas, Anda mungkin merasa dapat memperpanjang ketukan menjadi 4 atau 5.

Lakukan apa yang terasa nyaman bagi Anda.

Jika Anda mulai merasa kehabisan napas, kembalilah ke pernapasan 4 ketukan seperti semula.

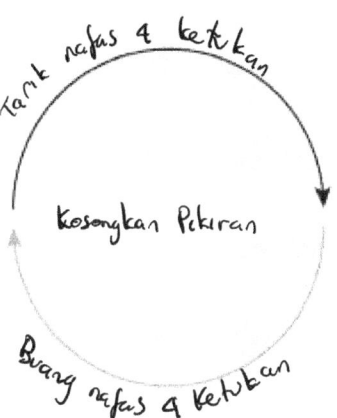

Hilangnya Rasa Stress

Tarik napas selama 4 ketukan. Tahan napas selama 4 ketukan. Buang napas selama 4 ketukan. Tahan napas selama 4 ketukan.

Ulangi pola ini selama 5 hingga 15 menit.

Selagi Adna bernapas, Anda mungkin merasa dapat memperpanjang ketukan menjadi 4 atau 5.

Lakukan apa yang terasa nyaman bagi Anda.

Jika Anda mulai merasa kehabisan napas, kembalilah ke latihan pertama.

Relaksasi Dalam

Tarik napas selama 4 ketukan. Tahan napas selama 7 ketukan. Buang napas selama 8 ketukan.

Ulangi pola ini selama 5 hingga 10 menit.

Lakukan apa yang terasa nyaman bagi Anda.

Jika Anda mulai merasa kehabisan napas, kembalilah ke latihan pertama.

Tenangkan Diri

Tarik napas selama 4 ketukan. Tahan napas selama 6 ketukan.

Ulangi pola ini selama 5 hingga 10 menit.

Lakukan apa yang terasa nyaman bagi Anda.

Jika Anda mulai merasa kehabisan napas, kembalilah ke latihan pertama.

Napas Anda sungguh menakjubkan, jika Anda menggunakan napas sebagai media fokus dan perkembangan kerohanian, kemampuan Anda untuk berkembang lebih cepat daripada orang lain akan sangat terlihat.

Tujuannya bukan bersaing dengan orang lain, tetapi fokus pada pengalaman yang lebih intim, dalamnya hubungan dan persatuan dengan yang Ilahi, menjalin hubungan yang nyata dengan Tuhan, serta membantu orang lain di sekitar Anda mendekatkan diri kepada-Nya saat Anda bergerak seiring dengan-Nya, mencintai dan melayani manusia di sekitar Anda.

(Salib Basque)

CHAPTER 13

PSIKOLOGI & MATI BAGI DIRI SENDIRI

"Aku berkata kepadamu: Sesungguhnya jikalau biji gandum tidak jatuh ke dalam tanah dan mati, ia tetap satu biji saja; tetapi jika ia mati, ia akan menghasilkan banyak buah."

–Yohanes 12:24 (TB)

PSIKOLOGI

Psychology is the science of mind and behavior. Psychology includes the study of conscious and unconsciousphenomena, as well as feeling and thought. (Wiki)

Psikologi dalam konteks meditasi harus didefinisikan sebagai meditasi yang dapat memengaruhi pikiran dan perilaku. Konsep ini dapat diperinci lebih lanjut jika kita memasukkan perspektif Kristiani, bahwa kita bermaksud untuk memperdalam hubungan kita dengan Tuhan.

Bagaimanakah meditasi Kristiani memengaruhi pikiran dan perilaku orang yang mempraktikan gaya hidup perenungan? Adakah manfaat psikologis dari praktik-praktik ini dan dapatkah digunakan untuk memengaruhi pikiran dan perilaku kita secara positif saat kita menghubungkan praktik-praktik ini dengan relasi kita dengan Tuhan?

Alasan utama kebanyakan orang terlibat dalam perenungan dan meditasi adalah untuk mendapatkan manfaat perubahan perilaku dan meningkatkan kualitas hidup mereka. Sebagai orang Kristen, kita pun menggunakan praktik-praktik ini dengan alasan yang sama meskipun niat kita secara eksklusif terfokus pada hubungan kita dengan Tuhan.

Perenungan dan semua praktik dalam buku ini memiliki dampak mental. Ketika seseorang mulai meredam pikiran, ketidaksadaran dan bawah sadar yang mendasar, serta kesadaran tingkat tinggi, perlu diatasi. Saat kita menjadi tenang, kita membiarkan hal-hal yang tersembunyi dalam pikiran dan hati kita untuk diungkapkan. Pencerahan dalam diri ini menciptakan peluang untuk menyelesaikan luka, ketakutan, ketidakpercayaan, dan pengertian palsu tentang diri. Kita menjadi sadar akan identitas kita dalam Kristus saat kita dipulihkan melalui proses ini yang mengungkapkan dan menyembuhkan.

MEDITASI TENTANG KEMATIAN, MATI BAGI DIRI SENDIRI

Sebagai orang Kristen, kita pasti sering mendengar frasa "mati untuk diri sendiri," namun sebenarnya tidak ada kejelasan tentang makna frasa ini karena tiap orang memiliki gambarannya sendiri tentang seperti apa yang dimaksud dengan "mati untuk diri sendiri" itu.

Secara umumnya adalah penyerahan kehendak atau penyangkalan diri, sehingga "diri" tidak lagi menjadi alasan hidup. Mati untuk "diri" mengalihkan fokus dari "diri" kepada alasan Tuhan menciptakan kita.

Saat kita menggambarkan "diri," apakah kita membicarakan tentang ego kita? Ini menekankan pada identitas dan inti dari identitas tersebut terletak pada alasan Tuhan menciptakan kita. Kita semua ingin tahu "mengapa" kita ada.

"Karena kita ini buatan Allah, diciptakan dalam Kristus Yesus untuk melakukan pekerjaan baik, yang dipersiapkan Allah sebelumnya. Ia mau, supaya kita hidup di dalamnya."

Efesus 2:10 (TB)

"Karena bagiku hidup adalah Kristus dan mati adalah keuntungan."

Filipi 1:21 (TB)

Penyerahan kehendak, pemahaman akan kehendak Tuhan, kecenderungan untuk melawan kehendak ilahi, pola Tuhan untuk membangun status anak dalam penciptaan manusia. Ide-ide ini menjadi dasar bagi kemampuan kita untuk "mati bagi diri sendiri."

Perlawanan kita terhadap kehendak Tuhan tidak hanya terfokus pada manusia alamiah terhadap dosa atau kejahatan, tetapi juga keinginan duniawi untuk memperoleh kepuasan instan dan keegoisan pribadi.

Seringkali, perjuangan terbesar kita dengan kehendak ilahi bukan hanya perjuangan niat atau motivasi, melainkan perjuangan terhadap waktu; tingkat kesabaran Tuhan terhadap umat manusia jauh melampaui kemampuan kita untuk menunggu, dan kesabaran dalam kehidupan orang percaya adalah bagian dari proses "mati bagi diri sendiri."

Mati bagi diri sendiri juga berarti mati untuk harapan kita terhadap Tuhan, ide-ide tentang siapa kita seharusnya, hasil yang diharapkan dari kesuksesan, konsep tentang apa yang berarti, apa yang membawa keindahan, dan perjuangan kita dengan jati diri palsu.

Pemahaman kita tentang segala sesuatu di sekitar kita dibentuk oleh prakonsepsi, salah pengertian, dan kondisi psikologis kita. Ketika diri palsu atau persona ini dikupas, proses ini terasa seperti mati, karena rasa sakit identifikasi kita pada gambar ini sangat besar. Kita bermimpi dari "alter ego" ini, kita membentuk harapan dalam hidup berdasarkan sistem nilai yang berdasarkan pengalaman dan harapan dari diri palsu.

Saat kita menyerahkan hidup kita kepada Tuhan, proses mati bagi diri dimulai ketika kita sadar bahwa untuk kita dapat berubah kita harus mengevaluasi ulang pandangan diri terhadap siapa diri kita sebenarnya.

Kita menjadi sadar akan keinginan untuk memahami siapa diri kita ini seharusnya, takdir kita, panggilan kita, tujuan abadi kita. Seperti cahaya yang bersinar di depan kita, menarik kita menuju kerinduan ini. Pertanyaan tentang siapa saya menjadi pertanyaan nyata dan dijawab oleh pantulan langsung dari Tuhan, seperti cermin, menunjukkan kepada kita, memanggil kebesaran di dalam kita untuk muncul.

Dalam proses ini, kita menjadi jelas, terungkap, dan terbuka; meskipun hanya kepada diri kita sendiri dalam ruang batin bersama Tuhan, tetapi tetap rentan. Kita perlu mengatasi ketakutan akan dihadapkan dengan diri sendiri dan merangkul kesempatan untuk berpindah dari diri palsu ke diri yang sejati, identitasnya kokoh dan dikonfirmasi oleh Tuhan.

Keindahan menjadi diri kita yang sejati! Di tempat ini, bayi yang lahir dari rahim penciptaan abadi, sebelum dasar-dasar dunia, beresonansi dengan keberadaan kita, menghancurkan konsep yang telah kita bangun.

Lalu, apa arti kematian ini? Kematian ini, dan kebangkitan tercapai ketika manusia yang dibangkitkan benar-benar bebas dari ambisi egois, tradisi rohaniah, dan hanya memegang pada satu kebenaran, bahwa Yesus adalah Tuhan, Yesus adalah Raja, segala sesuatu yang lain bukanlah masalah. Melihat-Nya dimuliakan dan ditinggikan dalam setiap situasi menjadi sumber kesuksesan, tujuan hidup.

Pencarian akan makna untuk diwariskan sering dinyatakan dalam upaya kita membangun struktur generasional. Kita sering melihat pada orang lain yang telah mengubah alur sejarah dan menilai tindakan mereka berdasarkan sejarah mereka atau apa yang telah mereka ciptakan.

Dunia tidak menjadi tempat yang lebih baik karena eksistensi Anda, dunia menjadi tempat yang lebih baik karena Anda membiarkan diri Anda "berdiam di dalam-Nya," sebuah tujuan yang lebih tinggi daripada ketenaran atau kekayaan. Beberapa orang paling terkenal di surga bukanlah orang yang memiliki pelayanan terbesar atau pencapaian tertinggi, tetapi yang megah dalam ungkapan kasih mereka.

Mengapa perempuan dengan botol minyak wangi begitu dihormati di surga? Apakah ini karena dia mengurapi Anak Allah di tempat-waktu yang tepat, atau karena dia menghabiskan uang banyak untuk-Nya?

Klaim ketenarannya hanyalah kekosongan, satu-satunya pekerjaan yang selesai dalam hidupnya adalah menjadi kosong seutuhnya untuk Yesus.

Secara finansial, dia menjadi orang paling miskin di ruangan itu, tabungan hidupnya yang murah hati dicurahkan, setiap kepemilikan duniawi dalam sekejap hanya menjadi aroma di hadapan Anak Manusia. Namun, harta karunnya adalah ini: "Aku mencintainya." "Mati bagi diri sendiri"-nya menjadi kenangan hidup abadi di hadapan Allah Pencipta.

"Yang diurapi" menjadi yang ber-bau, Anak Allah yang beraroma, siap untuk menghadapi jam terakhir-Nya. Perempuan itu tidak berpelit hati, alih-alih bertengkar tentang siapa yang akan duduk di kanan Yesus— seperti banyak murid—dia menjadi miskin, kehilangan segalanya dalam sekejap, karena dia menemukan segalanya dalam-Nya, segala sesuatu yang selama ini dicarinya, ditemukan dalam satu momen itu.

Kematian bagi diri sendiri memberi hidup lebih banyak arti, penyerahan total, kematian yang megah, menjadikan Yesus memberikan nama-Nya.

Mati bagi Diri Sendiri – Pertanyaan Psikologis

"Dan mereka mengalahkan dia oleh darah Anak Domba, dan oleh perkataan kesaksian mereka. Karena mereka tidak mengasihi nyawa mereka sampai ke dalam maut."

Wahyu 12:11 (TB)

Kita mengenal ayat dalam Kitab Wahyu ini, tetapi tampaknya kita berhenti di bagian pertama dari ayat ini dan tidak membaca paruh kedua dari petunjuk ini tentang bagaimana dapat menang. Ya, dengan darah Anak Domba dan kesaksian kita, TETAPI juga dengan mati bagi diri sendiri, yaitu menyerahkan hidup kita sendiri.

Proses alami doa pemusatan mengarah pada pertimbangan diri dan pemahaman siapa diri Anda pada saat ini, proses pertimbangan ini—secara pasti—adalah bagian dari proses penemuan diri.

Ketika pikiran kita difokuskan pada proses aktif perenungan, pikiran menjadi sunyi, pemikiran dibawa pada ketenangan, dan tanpa perlombaan pemikiran yang tanpa henti, aktivitas pemikiran positif dan negatif berhenti secara perlahan dan pasti.

Proses ini lah yang dimaksud mematikan diri; dengan mengevaluasi kepolosan jiwa Anda, meninjau semua topeng, persona, dan kesadaran akan diri sendiri yang dibuat seiring berjalannya waktu.

Anda menjadi tenang memilih untuk melepaskan beban dalam jiwa Anda yang tidak memberikan manfaat pada diri, dunia, orang-orang di sekitar Anda, dan pada rencana-rencana yang Allah miliki untuk Anda.

Anda diizinkan berduka. Berkabung membawa penyembuhan saat Anda membiarkan air mata mencerminkan perjuangan batin untuk melepaskan. Berkabung atas seseorang yang Anda kembangkan, seseorang yang Anda jadikan, baik karena sifat atau didikan, diri yang sejati, pribadi Anda yang tanpa pemikiran yang sudah ada sebelumnya dan tanpa momen-momen penilaian palsu yang muncul ke pikiran Anda.

Dalam momen pencerahan dan pengenalan ini, proses penerimaan dapat dimulai, belajar untuk mencintai diri sendiri tanpa berusaha tampil sesuai dengan ekspektasi orang lain.

Proses ini dimulai ketika kita membiarkan Allah Roh Kudus secara perlahan membimbing kita menuju pribadi yang Dia inginkan agar kita menjadi, pribadi yang Bapa Abba ciptakan, versi sejati dari diri kita.

Yesus tidak terintimidasi oleh kemanusiaan Anda, atau kurang sempurnanya Anda, namun, semakin lama Anda melekat pada persona palsu, semakin lama proses ini akan berlangsung dan semakin lama tujuan hidup sejati Anda tidak dapat ditegakkan di bumi.

Maka karena itu, proses perenungan merupakan titik penting dalam pertumbuhan orang percaya, sering diabaikan atau dilupakan oleh Gereja institusional, tanpa disadari merampas kita dari alat-alat yang sangat kita perlukan untuk menjadi segambar dan serupa dengan Yesus.

Sulit untuk mati terhadap keinginan atau ide dan impian Anda sendiri jika Anda bahkan tidak tahu siapa diri Anda dan apa yang Anda inginkan dari hidup. Melalui perenungan, Anda mulai membuat narasi baru untuk cerita Anda, cerita Anda tentang Tuhan.

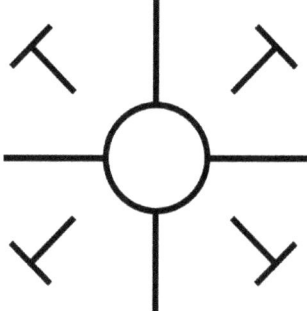

(Salib Koptik)

CHAPTER 14

FILOSOFI PERENUNGAN

"Sebab seperti orang yang membuat perhitungan dalam dirinya sendiri demikianlah ia. "Silakan makan dan minum," katanya kepadamu, tetapi ia tidak tulus hati terhadapmu."

– Amsal 23:7 (TB)

Filosofi

Filosofi adalah metodologi yang mengkaji pertanyaan umum dan asasi, misalnya pertanyaan tentang eksistensi, penalaran, nilai luhur, akal budi, dan bahasa. (Wiki)

Filosofi telah menjadi bagian integral dari kemanusiaan selama kemanusiaan telah mampu mengajukan pertanyaan "MENGAPA." Banyak pengaruh telah mencoba untuk menangkap inti filosofi, dan pemahaman kita tentang bidang ini tumbuh setiap harinya.

Membawa perenungan ke dalam ranah filosofi, kita melihat pada Plato. Dia berpikir bahwa melalui perenungan, jiwa dapat naik ke pengetahuan tentang akan Ilahi. Filsuf lain, Plotinus, percaya bahwa bentuk tertinggi dari perenungan adalah mengalami penglihatan Tuhan.

Saat kita mempelajari filosofi perenungan, ada empat area utama pembahasannya:

· Eksistensi Tuhan & hubungan kita dengan keilahian.

· Epistemologi (bagaimana kita tahu apa yang kita tahu).

· Manusia (mekanika keberadaan).

· Perenungan sebagai praktik dan usaha filosofis.

Mari kita tinjau epistemologi dalam filosofi kontemplasi selagi kita berupaya menjelaskan dan memahami pertanyaan yang timbul dari gagasan ini.

EPISTEMOLOGI

Epistemologi adalah bidang filsafat yang berkaitan dengan pengetahuan.

Epistemolog membahas sifat, asal, dan lingkup pengetahuan. Per- tanyaan epistemologi adalah bagaimana kita tahu apa yang kita ketahui?

Kita melihat epistemologi dalam cahaya gaya hidup perenungan karena dalam renungan itu sendiri terdapat titik paradoks di mana pengetahuan tentang "mengetahui" sesuatu dan "mengalami" sesuatu hadir ketika introspeksi jiwa terjadi.

Dalam epistemologi, kita seperti menjadi seperti anak empat tahun yang terus bertanya "MENGAPA," sampai kita lelah hanya untuk me- mikirkan jawaban lain. Kelelahan ini akan membuka hati Anda terhadap kemungkinan jawaban yang sebelumnya terlolak oleh ide-ide Anda.

Jadi, marilah kita amati perjalanan untuk "MENGAPA"!

BAPA-BAPA KAPADOKIA

Para Bapa Kapadokia adalah pengembang pertama Teologi Kristiani, terutama dalam mengembangkan cara dan kemampuan intelektual kepada umat Kristiani untuk dapat mempertahankan pandangan dan kepercayaan mereka dalam percakapan intelektual. Kontribusi mereka adalah basis pengetahuan yang dapat digunakan oleh orang Kristen lainnya untuk membela pandangan dan kepercayaan mereka.

Kelompok kolektif yang dikenal sebagai Para Bapa Kapadokia, terutama karena wilayah Kapadokia di Turki modern tempat mereka berasal dan tinggal, merujuk pada tiga orang.

Ketiga orang tersebut adalah:

- Basil yang Agung (330 – 379)

- Gregorius dari Nyssa (335 – 395

- Gregorius dari Nazianzus (329 – 389)

Mari kita mulai dengan Gregorius dari Nyssa dan epistemologinya, "teori pengetahuan," kita paham bahwa saat membahas konsep-konsep filosofis tentang perenungan, kita perlu berurusan dengan pertanyaan tentang pengetahuan. Bagaimana kita tahu sesuatu? Apakah yang kita percayai benar, dan bagaimana kita menilai apa yang kita anggap benar?

Teori pengetahuan Gregorius berfokus pada kehidupan Musa dan pengalamannya dengan Allah. Gregorius melihat kehidupan Musa sebagai tiga theophany yang berbeda, di mana ia mengalami Tuhan.

Pengalaman pertama adalah momen "semak yang terbakar," di mana Musa diterangi pengetahuan tentang Allah dan tujuannya dalam hidup. Ia juga berargumen bahwa Alkitab perlu dilihat dan diinterpretasikan sebagai alegori, satu-satunya cara adalah dengan mencari Allah dalam metafora dan bukan dalam naskah literal, dengan makna yang jelas.

Theophany kedua dalam kehidupan Musa adalah "pengalaman Gunung Sinai," di mana kegelapan adalah titik akses ke Allah, terang bukan lagi menjadi ekspresi ketuhanan. Dalam pengalaman ini, Musa belajar bahwa Allah pada akhirnya tidak dapat dimengerti dan pengalaman permukaan kita tentang Allah hanyalah pengantar untuk memahami apa yang kita coba hindari, yaitu manusia kita pada dasarnya tidak mampu memahami atau mengerti luasnya Allah.

Pengetahuan manusia akan Allah dimediasi oleh "indera spiritual," dan secara tertentu, Allah menampakkan Diri kepada kita, membantu kita memahami dan mengenal-Nya sebagai Allah. Kemampuan manusia untuk memahami hal-hal spiritual tampaknya menjadi tidak berguna.

Tetapi manusia duniawi tidak menerima apa yang berasal dari Roh Allah, karena hal itu baginya adalah suatu kebodohan; dan ia tidak dapat memahaminya, sebab hal itu hanya dapat dinilai secara rohani.

1 Korintus 2:14 (TB)

Theophani ketiga hidup Musa adalah saat "retakan di batu," ketika Musa mendapat penglihatan tentang kemuliaan Allah. Kemajuan Musa menjadi lengkap; ia hanya bisa melihat "punggung" Allah, karena Allah melindunginya dari Diri-Nya sendiri. Dengan demikian, Musa mempelajari misteri Allah, pengetahuan akan Allah yang tidak dapat dipahami seutuhnya. Pemahaman tidak akan terjadi saat manusia mencoba memahami Allah; proses panjang tanpa akhir di luar hidup dan mati.

Basil Agung menggunakan istilah *physikê theôria* (kontemplasi alami), di mana alam dan keindahan material dianggap sebagai titik temu antara manusia dan Allah. Intinya, manusia menggunakan ciptaan sebagai tangga mencapai Allah. Keindahan dan keajaiban ciptaan, menurut Basil, membantu kita menemukan keindahan ilahi dan berjalan bersama Allah.

Maka, alam perlu dipertimbangkan dengan pikiran yang bebas dari gairah-gairah kehidupan. Basil membahas dalam tulisannya, penyucian pikiran, jika proses ini tidak dilakukan, usaha manusia untuk melihat lebih dari kemampuan pancaindra alami hanyalah khayalan semata.

Dalam karya tulisnya, jelas bahwa anugerah Allah diperlukan untuk terbebas dari "nafsu" dan memasuk pada keilahian, di mana perenungan dapat dilakukan tanpa gangguan atau kesesatan.

Basil berfokus pada misteri inkarnasi Kristus, dan secara implisit Allah dalam bentuk manusia, glorifikasi manusia, yang kemudian memungkinkan manusia yang diperintah oleh Allah untuk mengakses keindahan Allah dan merenungkan sifat-Nya yang Ilahi.

Akhir pemikiran dan kehidupan Basil diwujudkan dalam Monastisisme Basilian yang berkembang menjadi komunitas-komunitas di seluruh dunia yang menjalani metode perenungannya.

Gregorius dari Nazianzus adalah bapa gereja Kapadokia terakhir yang akan kita bahas. Fokusnya adalah pada penyucian dan kata yang digunakan sekitar 374 kali dalam tulisannya, "katarsis," jelas merupakan konsep penting dalam pemikirannya.

Beliau percaya bahwa merenungkan Allah bersama Allah dapat mengarahkan pada transformasi, sifat sejati dari pertemuan dengan Allah, dan menggetarkan orang percaya menjadi pribadi yang di-ubahkan. Pengajarannya berfokus pada sifat Allah sebagai sumber segala kebaikan, dan bahwa begitu perenungan yang meresapi segala kebaikan Allah dimulai, perjalanan hidup menjadi jelas, Allah adalah sumbernya, dan segala hal lain menjadi sepele dalam realitas ilahi ini.

Kemuliaan Allah, keindahan luar biasa-Nya, dan satu-satunya emanasi keindahan dalam penciptaan, menyelaraskan gairah-gairah individu dan membawa manusia untuk sepenuhnya sejalan dengan Allah.

Beliau mengajak umat manusia untuk bersatu dengan Allah, lalu menjelaskan dalam pengajaran-pengajarannya yang lain tentang mengejar Allah oleh hati manusia. Dia seimbangkan hubungan permainan-sembunyi yang Allah miliki dengan kita, dan dengan jelas menunjukkan bahwa Allah mengejar manusia dan penyelamatan jiwa manusia.

Tindak "ketidak-tahuan" atau "lepas-belajaran"

Epistemologi dan pembahasan tentang misteri; bagaimana kita tahu apa yang kita ketahui dan bagaimana kita mengamati hal ini dalam realitas spiritual adalah "ketidak-tahuan."

Pada intinya, pertanyaan Pontius Pilatus kepada Yesus, *"Quis Est Veritas?"* mengacu pada "apa itu kebenaran." Pertanyaan ini tetap menjadi salah satu pertanyaan yang paling sulit dijawab, terutama ketika dihadapkan dengan misteri Allah sebagai cara untuk memahami.

Apa yang terjadi ketika kita tidak tahu, ketika kegelapan adalah satu-satunya jalan ke depan dan satu-satunya cara untuk benar-benar memahami, namun pemahaman tidak hadir? Jalan misteri, apakah artinya, ketika pikiran manusia telah menjadi gelap, dan pemahaman mereka menjadi kosong dan tidak berarti?

Kita tahu bahwa sekadar mengamati bukanlah pemahaman. Melihat sebuah eksperimen ilmiah dilakukan di laboratorium tidak berarti seseorang memahami pengetahuan kimia kompleks yang diperlukan untuk mengulangi eksperimen rumit itu lagi.

"Sinar kegelapan" terkesan kontradiktif, namun demikianlah cahaya yang tak tercipta, cahaya ini tidak ada dalam alam semesta yang tercipta. Allah adalah cahaya, namun cahaya ilahi-Nya bukan cahaya yang kita amati dengan mata kita. Cahaya Allah lebih kompleks, lebih beragam daripada materi yang kita ketahui sekarang. Cahaya digunakan untuk mengamati sehingga menciptakan rasa seakan mengetahui.

Apa yang terjadi jika cahaya tidak diamati dan misteri tetap menjadi esensi yang misterius seutuhnya, bagaimana kita bisa memahaminya? Jika Allah memahami sesuatu, mengingat bahwa Allah mengetahui segalanya, maka cahaya yang berasal dari keilahian-Nya terus meledak, menciptakan, dan membangun suasana pengamatan.

Seperti sebuah observatorium, mengamati bintang-bintang, memetakan alurnya, pandangan ilahi Allah tidak hanya melihat bumi, tetapi juga melihat segala sesuatu dan mengerti, mengetahui, dan memahami segala sesuatu, selalu. Dalam kata lain, cahaya Allah ini merata di mana-mana.

Suara Allah, yang bergetar secara konsisten dalam penciptaan, menjaga segalanya tetap bersatu, suara Allah ini pada satu sisinya menjaga penciptaan. Cahaya Allah, yang tidak diciptakan dan tak terbatas, memegang fungsi yang sama di tempat lain.

Ruang dan waktu yang tidak diciptakan, tempat di mana Allah ada di luar penciptaan, di luar segala yang kita ketahui, dibingkai hanya oleh Allah sendiri. Bingkaian Allah itulah yang membentuk area dan dimensi di mana Allah ada, karena yang lainnya tidak ada, ataupun pernah ada.

Ini bukanlah wilayah yang abadi atau tanpa batas seperti yang beberapa orang mungkin saranakan karena kedua wilayah ini ada dalam penciptaan, oleh karena itu, pohon kehidupan, pohon di taman itu ada sebagai pohon kehidupan, yang berarti keabadian kekal ada di Eden.

Yang tidak ada di dalam taman adalah Allah, Allah mengganggu pola taman dan "tinggal" dengan Adam. Dia memanifestasikan Diri-Nya sesaat di dalam ruang yang Dia ciptakan bagi Diri-Nya dan Adam untuk bersama-sama ada di tempat yang sama.

MENGETAHUI SECARA INTUITIF

Pemahaman intuitif menjadi jalan pengetahuan bagi orang yang beriman, meskipun teori-teori pengetahuan kita didasarkan pada persepsi sensori atau kemampuan kognitif. Semua agama atau sistem kepercayaan, pada suatu titik, menuntut "loncatan iman," bagi beberapa sistem kepercayaan, loncatan ini mungkin terasa seperti loncatan besar, dan bagi yang lain, lebih seperti melangkah dengan santai.

Faktanya, Allah tidak dapat dipersepsikan dengan intstrumen intelektual atau pemahaman manusia. Kita bisa memahami konsep Allah melalui akal budi kita, seperti alam menyatakan Allah, begitu pula dengan pemikiran yang jernih.

Untuk memiliki hubungan dengan yang Ilahi, seperti yang ditulis oleh Yohanes dari Salib dan banyak lainnya, "malam gelap" mengikuti, di mana semua kemampuan persepsi berhenti mengakses yang Ilahi. Pengetahuan intuitif menjadi satu-satunya cara merasakan kehadiran Allah, insting bahwa Allah tidak pernah absen dalam setiap situasi; Yesus tetap "Immanuel" – Tuhan berserta kita.

Dalam kegelapan total akal budi, pemahaman, atau masukan sensori, Allah terasa seolah-olah telah sepenuhnya menghapus diri-Nya dari kenyataan kita. Realitas agnostik muncul, Allah mungkin ada, tetapi jika Ia ada, Ia tidak bisa dicapai oleh manusia. Untuk melewati jembatan ini, orang yang beriman perlu merangkul kegelapan tersebut, dan meraba-raba dalam kegelapan, memungkinkan pengetahuan ini masuk ke dalam diri.

Allah berada di luar pikiran dan kemanusiaan kita, dan dengan demikian, perjalanan kerohanian mulai menanjak, dan jalan perenungan kita menjelajah lebih dalam ke tumpukan pemahaman dan eksplorasi rohani.

Di dalam diri kita, mulai mekar ketidaktahuan rohani, yang melampaui kenyataan, dan kita mulai mengenal Allah, bukan seperti yang kita kira, tetapi sebagaimana Allah benar-benar ada.

Allah yang tidak diciptakan sesuai dengan citra kita, memberi kita kesakitan dan kenikmatan berdasarkan kebutuhan kita dan kemanusiaan kita, tetapi Allah yang ada di luar kita, yang memiliki hubungan dengan kita dan mencintai kita sebagaimana hanya Allah yang dapat mencintai makhluk yang diciptakan-Nya sebelum waktu dan ruang dimulai.

Ini adalah perjalanan seorang rohaniawan, perjalanan yang Anda telah diundang untuk ikuti, sebuah jalan yang akan meminta segalanya darimu, dan kemudian membantu Anda menyadari bahwa sebenarnya Anda tidak membayar apa-apa sama sekali.

Semuanya menjadi tak berharga ketika kita memandang wajah Ilahi Allah, dan menyadari bahwa segalanya sudah hilang di hadapan-Nya, segalanya ditemukan dalam-Nya.

(Salib Konstantin)

REKOMENDASI MEMBACA PER CHAPTER

Chapter 1 – Doa Perenungan

- Gregory the Great
- Saint Ignatius Brianchaninov
- Ignatius Loyola
- Henri de Tourville

Chapter 2 – Quietisme

- Miguel de Molinos
- George Fox
- Madame Guyon

Chapter 3 – Hesikasme

- St. Yohanes Klimakus
- St. Nicephorus the monk
- Gregory Papamus
- Elder Joseph the Hesychast
- Nikitas Stithatos

Chapter 4 – Doa Keterpusatan

- Thomas Keating
- Thomas Merton
- William Meninger
- M. Basil Pennington

Chapter 5 – Lectio Divina

- Pope Guigo I
- Richard Baxter

Chapter 6 – Visio Divina

- John of Damascus

Chapter 7 – Keheningan & Penyendirian

- Evagrius Ponticus

BIBLIOGRAFI

1) Christian Mindfulness | Peter Tyler | SCM Press 2018| ISBN # 978-0-334-05671-3

2) Kenosis in Theosis | Sigurd Lefsrud |Pickwick Publications 2020 ISBN # 978-1-5326-9370-0

3) Finding Grace at the Center | M Basil Pennington by Skylight Paths Publishing 2007 ISBN # 978-1-893361-69-0

4) The Path of Centring prayer| David Frenette by Sounds true 2012 ISBN # 978-1-62203-866-4

5) Practical Mysticism | Evelyn Underhill

6) Word into Silence | John Main by Darton Longman & Todd 1980 ISBN # 978 1 85311 754 1

7) Thoughts on Solitude |Thomas Merton | Farrar, Straus, and Giroux 1956 | ISBN # 9781429944076

8) World without End |Thomas Keating | Bloomsbury 2017 ISBN # 9781472942487

9) Just This | Richard Rohr by SPCK 2018 ISBN # 978–0–281–07991–9

10) The Celtic way of prayer | Ester de Waal by Canterbury Press 1996 ISBN # 978 1-84825-051-2

11) Mindfulness and Christian spirituality | Tim Stead by SPCK 2016 ISBN # 978–0–281–07486–0

12) In the Stillness Dancing | Neil MaKenty by Torchflame boos 2017 ISBN # 978-1-61153-204-3

13) Jesus the teacher within | Lawrence Freeman by Canterbury press 2000 ISBN # 978 1-84825-037-6

14) Meditation for Christians | Bradley Dean Stephan by Smashwords 2001 ISBN # 0-9706517-0-8

15) Mertons Palace of Nowhere | James Finley by Ave Maria Press 1978 ISBN # 13 978-0-87793-041-9

16) One Breath at a Time | J Dana Trent by Upper Room books 2018 ISBN # 978-0-8358-1855-1

17) Love is stronger than death | Cynthia Bourgeault by Monkfish publishing 1999 ISBN # 9781939681362

18) The way of the heart | Henry Nouwen by HarperOne Publishing 2016 ISBN # 978–0–06–066330–8

19) Mindful silence | Phileena Heuertz IVP books 2018

20) The Examen prayer |Timothy M Gallagher by Crossroad publishing 2006 ISBN # 978–0–8245–2367–1

21) Apatheia in the Christian Tradition | Joseph H Nguyen | Cascade books 2018 ISBN # 978-1-5326-4516-7

22) Gregory of Nazianzus | Brain Matz | Baker Academic 2016 ISBN # 978-1-4934-0572-5

23) A companion to Mysticism and Devotion in Northern Germany | Elizabeth Anderson by Brill Publishing 2014 | ISBN # 978-90-04-25793-1

24) Breathing from the Heart | Aguirre, Ana María by Montsecortazar Literary agency ISBN # 978-987-86-4988-7

25) Lectio Divina | Enzo Bianchi | SPCK Publishing 2015 | ISBN#978-0-281-07334-4

26) Transformed by God's Word | Stephen J Binz |Ave Maria Press 2016| ISBN#978-1-59471-651-5

27) Opening to God | David G Benner | InterVarsity Press 2010| ISBN#978-0-8308-6799-8

28) Lectio Divina| Duncan Robertson

29) Lectio Divina the sacred art | Christine Valters Painter | Skylightpaths publishing 2011 | ISBN# 978-1-59473-300-0

30) Breathing as Spiritual Practice | Will Johnson| InnerTraditions Publishing 2019 ISBN# 978-1-62055-687-0

31) When the soul listens | Jan Johnson| NavPress 2017| ISBN#978-1-61346-686-1

32) Contemplative Prayer a new framework | David Foster | Bloomsbury 2015 ISBN#978-1-4081-8712-8

33) Mindful Silence The heart of Christian contemplation| Phileena Heuertz | IVP Books

34) Armchair Mystic | Mark E Thibodeaux S.J. | Franciscan Media 2019 ISBN# 978-1-63253-288-6

35) Centering prayer and the healing of the unconscious | Merchadh O Madagain Lantern Books 2007 | ISBN # 978-1-59056-107-2

36) Exhale | Richie Bostock| Penguin Random house 2020| ISBN#978-0-241-4044-3

37) A Practical guide to Breathwork | Jesse Coomer | Midwestern Method ISBN# 978-0-578-75801-5

38) Breathe | Mary Birch | Piatkus 2019| ISBN# 978-0-349-42190-2

39) Befriending Silence | Carl McColman | Ave Maria Press 2016 ISBN # 978-1-59471-615-7

40) The Jesus Prayer | John Michael Talbot| IVP Books 2013 ISBN#978-0-8308-35775

41) Mysteries of the Jesus Prayer| Norris Chumley| Harper Collins 2011 ISBN# 978-0-187417-8

42) The Monastery of the heart | Joan Chittister | SPCK publishing 2011 | ISBN# 978-0-281-06619-3

43) The Spiritual Guide | Michael Molinos | Seedsowers | ISBN# 0-940232-08-1

44) Reimagining the Ignatian Examen | Loyola Press 2015| Mark E Thibodeaux ISBN # 978-0-8294-42441

45) The Elder Joseph the Hesychast | Elder Joseph of Vatopaidi | ISBN# 978-618-5314-23-1

46) One Breath at a Time | J Dana Trent | Upper Room books 2018 ISBN# 978-0-8358-1855-1

47) Obedience is life : Elder of Epharaim of Katounakia | Elder Joseph of Vatopaidi | ISBN# 978-618-5314-26-2

48) The Edge of Glory | David Adam | Triangle publishing 1985 | ISBN # 0-281-04197-0

49) Byzantine Christianity | Averil Cameron | SPCK 2017 | ISBN # 978–0–281–07613–0

50) The Golden Cord | Adonijah O Ogbonnaya PHD | Seraph Creative ISBN# 978-0-9946974-4-8

TENTANG PENULIS

Kevin Hall adalah seorang suami, ayah, futuris, pengusaha, dan pendeta. Dia sangat mencintai gereja lokal dan rindu melihat tindakan Tuhan atas berbagai bangsa, terutama Afrika, dan menikmati momen istimewa bersama keluarganya di Afrika Selatan.

Kevin melayani orang-orang yang mencari kebenaran Injil, dengan menekankan fokus kembali pada dasar-dasar Injil Yesus Kristus.

Kevin mendirikan berbagai pelayanan selama beberapa tahun terakhir dan berhasil menyerahkan pelayanan-pelayanan tersebut untuk melanjutkan karya yang telah mereka mulai. Saat ini, Kevin menjadi pendeta di One House, sebuah komunitas gereja virtual. Dia juga menjabat sebagai CEO di Savantage, sebuah perusahaan internasional yang bergerak dalam bidang acara dan konsultasi.

Kerinduan hati Kevin adalah membawa banyak orang menuju kesempurnaan yang telah Bapa rencanakan bagi mereka, melampaui identitas untuk menemukan takdir Ilahi mereka. Dia ingin membawa mereka kepada pengertian bahwa hubungan interaktif yang pribadi dan bersemangat dengan Yesus dapat dicapai.

Kontak sang Penulis - Kevin Hall

http://onehouse.co.za

http://savantage.co.za

SeraphCreative

Heaven's Heart for Earth

Seraph Creative is a collective of artists, writers, theologians & illustrators who desire to see the body of Christ grow into full maturity, walking in their inheritance as Sons of God on the Earth.

Sign up to our newsletter to know about future exciting releases.

Visit our website :

www.seraphcreative.org

www.ingramcontent.com/pod-product-compliance
Lightning Source LLC
Chambersburg PA
CBHW051201120626
46547CB00012B/1161